相談対応、私はこうしています

——具体的すぎる指南書——

佐藤健太
SATO KENTA

幻冬舎MC

相談対応、私はこうしています

──具体的すぎる指南書──

まえがき

これは、地方公務員の心理職として27年間勤めた私が、これまで対応してきた相談をもとに、事例と解決方法をまとめた一冊です。

心理職という言葉に馴染みがない方もいることでしょう。主な業務は、悩みや不安など、心の問題を抱えた人やその家族などから相談を受け、その解決に向けてともに考える相談業務です。

また、相談を受けると聞いても、私がどのような相談を受けてきたのかイメージしにくいことでしょう。例えば、「就労したいが、なかなか行動に移せず悩んでいる」というご本人からの相談、「子どもが学校に行かず不安」という保護者からの相談、「父親の様子がおかしい、病院に連れていきたいが本人が応じない」という家族からの相談などです。挙げるときりがありませんが、それぞれの事例において、関係する方々とどのように解決に向かっていくかについて、ともに探ってきました。

私がこの職に就いた当初は、一般的にあまり馴染みのない職業でしたが、最近では、病院や学校など活躍の場が増しています。私は幸いなことに、異動のある地方公務員という立場でしたので、県立病院、児童相談所、保健所などに勤務する傍ら、児童自立支援施設の兼務や、県立看護学校の非常勤講師を務めることができました。そのため、医療、福祉、精神保健、教育といった多岐にわたる分野でこの業務を経験しました。

そんな私も経験のない若い頃は、相談を受けるノウハウがわからず、暇を見ては書店に足を運び、参考になりそうな本を読みあさる日々を過ごしました。しかし、手に取った本は、専門的すぎて難解であったり、読み取れても実際どのように現場で活用したら良いのかわからなかったりしました。もっと具体的な例を交えて、わかりやすい表現で書かれた本に出会いたかったのですが、残念ながら叶いませんでした。

現在は、その頃に比べると手に取ってみたくなる本が増えましたし、ネット検索という手段もありますので、求めている情報に行きつきやすくはなっています。それでも、当初私が欲しいとイメージしていた本には、残念ながらまだ出会えていません。

私は長年にわたり、様々な分野の研究者や諸先輩方から教えていただいた知識や技術、体験談などを書き溜めたり、日本各地で開催されている研修会や学会に参加したりしてきました。そして、腑に落ちる考え方に出会うたびに、それを相談対応に取り入れることを繰り返しながら、徐々に自分なりの相談対応スタイルを築いていきました。

このたびそれをまとめて、「私が出会いたかった本」にすることを思い立ったのですが、読者の皆さんが日常的に使う言葉で、よく聞くような事例で説明することを心がけました。事例については、私の体験や見聞きしたことを登場させ、その際にどんなことを感じていたのか、何を考えていたのかをお伝えし、その対処までを実感をともないながら読んでいただけるように記述しました。

また、その相談を解決へと導くプロセスについても述べていますが、人との関係性において誰もが応用できる思考方法であると思っています。それは、相手の現状を把握した上で、問題となっている部分とそれ以外を切り離して解決へのヒントを探り、相談者の主体的な気づきが得られるまで解決を急がず、ともに考える時間をも味方につけて最適解を導き出す、といったプロセスです。そのため、これから相談を受ける仕事に就きたい人、既に就いている人はもちろんですが、人と接する仕事であれば、多かれ少なかれ求められるスキルに触れているものと自負しています。

なお、本書に登場する事例は、私が経験した様々な分野から、印象的であったものを紹介しています。ただし、守秘義務の観点から、実際にあった事例のエッセンスを可能な限り盛り込んだ架空事例であることを申し添えます。

この本が、読者の皆さんにとって、良い出会いとなることを祈っています。

目次

第2章 うちでは対応できない?……35

第3章　価値観の押し売りはNG

考え方篇

第4章　どのような姿勢で臨むか？……75

事例と
解決篇

第1章

クレーム対応

1 怒鳴られて嫌な思いをしたことはありませんか？

相談対応について語るにあたり、おそらく相談に携わる多くの方が経験するであろうクレーム対応を、最初の話題とします。

クレームを言われる覚えなど一切なく、よかれと思って日々仕事をしていても、クレームはある日突然やってきます。心構えがないとあっという間に相談者のペースに飲み込まれて、後々恐怖感や不全感が残ってしまいます。

私は地方公務員の心理職として長年勤めましたが、相談を受けるばかりではなく、怒鳴られるようなクレームを受ける機会が度々あり、その中で何度も苦い経験をしてきました。自分の対応力が追い付いていなかったために相談者を怒らせてしまったこともありました。しかし、多くは所属していた組織の対応のまずさを、たまたま対応した私個人にぶつけられたものでした。また、最初から喧嘩腰な態度で、到底受け入れられないような不当な要求を通そうとするものもありました。

自分が至らなかったのであれば、「怒鳴られたのは仕方ない、次にそのようなことがないように自分を成長させよう」という気にもなります。しかし、それ以外の場合、なんとも納得できない、どこにもぶつけられないモヤモヤばかりが募ったものでした。ましてや、まだ駆け出しの頃は、相談者のペースに飲み込まれて、伝えたいことをうまく伝えられない不全感をずっと引きずったり、電話に出ることが怖くなったりしました。

この章には、そんな私の経験を基に、相談業務におけるクレーム対応ではどのような心構えが必要なのかを具体的に記述しています。仕事上の「あるある」の読み物として目を通していただくだけでも、似たような状況に遭遇した際、想定内の出来事として対応できる可能性があります。また、「自分であればこう対応するだろう」と想定してもらうきっかけとなれば、実際に遭遇した際にやはり想定内のこととして対応できるかもしれません。

かつての私と同じように、地方公務員として日々都道府県民や市区町村民の相談対応をしている方、電話相談などの相談業務に携わっている方など、人と接する仕事をしている方に読んでいただき、対応の参考にしていただけると幸いです。

② 事例を通じて「さて、どうする？」

次に紹介する事例について、読者の皆さんにも似たような経験はないでしょうか。いろいろなやり方や考え方がありますので、ここで述べていることは、必ずしも最善とは限りません。しかし、参考になりそうであれば、そのまま取り入れていただけるといいですし、他にこのような考え方もあるのではないかと、発想のきっかけを生む教材にしていただくこともできると思います。様々に活用してみてください。

事例1

相談内容：「すぐに接種したい。そっちの間違いだから責任を取れ」という新型コロナのワクチン接種に関する相談。

相 談 者：40代男性

対 応 者：著者の同僚・著者
対応場面：電話での相談対応
※著者は、この時ワクチン接種促進の対策に携わる保健所の部署に在籍

「コールセンターで案内された日に接種会場に行ったら、別日の予約になっていると言われて接種できなかった。そっちの間違いだから責任を取れ。すぐに接種できるように手配しろ」という内容。２回目の接種だったものの、当時のルールで２回目の接種は、１回目の接種からきっちり３週間空けた後でなければならず、それより前には予約を入れられない電子システムになっていた。

40代男性が接種会場に行った日は１回目の接種からきっちり３週間が経過する１日前で、電子システム上予約の取りようがない日であった。そのため、コールセンターに落ち度がないことは明白。また、その案内されたという電話の音声記録が残っていて、こちらは正しい情報を伝えていたことも判明した。

●事例1の問題点の分析（1）　このような場面でよく起こること

攻撃的になっている相談者は、何としても自分の言い分を通そうとして、常にマウントポジションを取ろうとします。そのため、こちらの揚げ足を取る、あるいはこちらが不利になりそうな、ひるんでしまいそうなその場とは関係のない話まで持ち出す、などといったことが起こります。

私の場合、後で上の者に告げ口するという目的で、名前を聞かれたり、年齢を聞かれたりと、クレームの内容とは関係のない、こちらの個人情報を聞き出そうとする場面に何度もさらされました。また、同様の目的で、対面であれば名刺を出せと言われたり、携帯のカメラで写真を撮られたりすることもありました。

このように感情的になっている相談者に、正論を伝えても到底受け入れてはもらえませんし、言い聞かせることはとても困難です。

●事例1の問題点の分析（2）　なぜ、こうなる？

相談者は対応者側が悪いと思って訴えてきます。真実は別にあり、相談者の思い込みであったとしても、相談者の中では対応者側が悪いということが事実になっています。そのため、自分が折れるという気持ちには到底なり得ません。

私のように、対応者が公務員の場合、「市民への奉仕者」や「公僕」が拡大解釈されていると感じざるを得ない場面に何度も遭遇しました。

公務員は、日々住民サービス向上を目指して仕事をしています。そのため、結果として過剰なサービス提供になっていた面もあるのかもしれません。そうなると、「やってもらって当たり前」という風潮がいつの間にか根付いてしまいます。言えば応じてくれるだろうと要求もエスカレートし、それに対してお客様ファーストで応じてしまえば、結果として過剰なサービス提供になるという悪循環が起きていたことも考えられます。

また、物事を一面的に捉える人もいれば、多面的に捉える人もいます。これはその人本来の個性であったり、周りの環境であったり、といった背景が考えられます。一面的に捉える傾向のある人であれば、この事例の相談者のようになりやすいのかもしれません。ただし、多面的に捉える傾向のある人であっても、感情的になって気持ちに余裕がない状態に陥れば、やはり同様の状況になることが考えられます。

●事例1の対応方法（1）　さて、どうする？

相談者が感情的になっているままでは、一方的な話に終始してしまうので、いったん落ち着いてもらう必要があります。まずはこちらの言い分や考えなどを挿（はさ）まず、相談者の言い分を十分に聴くことで、多くの場合落ち着いてもらえます。

ただし、初めから攻撃的で、不当な言い分や要求などをぶつけてきて、全くこちらの話を聞くという状況にならない場合もあります。その際には相談者に飲み込まれない対応が必要です。

●落ち着いて話ができる場所への移動を試みる

対応者が、相談者を単なるクレーマーと位置付けて、こちらに聴く耳がない状態だと、解決には到底結びつきません。電話をかけてきた、あるいは窓口に来た、ということであれば、話したいことがあって接触してきたことに変わりありません。まずはその話をじっくり聴きますという態度を示すことが必要で、それが相談者の態度を軟化させる方法の一つになることがあります。

きちんと聴きたいからという理由を告げて、電話であれば、周囲に雑音がない部屋の電話に転送して、対応者がそこに移動して話を始めます。窓口であれば、他の人の目がない別室に移動して対応します。こうしただけで落ち着いて話ができるようになる人も結構います。

なぜ落ち着いたのか、相談者に理由を聞いたことはありません。おそらく、自分に向き合ってくれるということがわかって安心したということもあるでしょう。周りに人目があることで負けられないという気持ちが鼓舞されているような人であれば、人目がない場所で話すことで、変に虚勢を張らなくてすむ状況になります。

いずれにしても、複数で対応することが望まれます。電話であれば受け答えは一人がするとしても、スピーカーフォンにして、もう一人はそのやりとりを聞き、メモを取りながら対応を一緒に考えます。

対面であれば二人でじっくり聴きながら片方は記録も取る、ということにすれば対応者にも安心感があります。複数で対応し、記録も残っていれば、後から言った言わないの争いになった場合の備えになります。

●スタートが「クレーマー」でも、最終的に「相談者」になるように話をつないでいく

入り口はクレームであっても、耳を傾けているうちに本音の部分に行きついたり、クレームとは異なるニーズを引き出せたりすることがあります。いつからそのように思っていたのか、その頃何があったのかなど、その訴えについてもっと詳しく教えてほしいというスタンスで聴いていきます。すると、相談者がそれについて客観的に振り返ることがあります。そうなると、とにかくクレームをぶつけなければならないととらわれている状態から距離をとることにつながり、より建設的な話につないでいくチャンスが生まれます。

私の経験では、「いつから」という質問が最も簡単で効果があるように思います。その当時あった出来事を振り返るような話題や、その時に感じていた感情について振り返る話題に移行できることがあります。

もちろん、こういった対応で必ずしもうまくいくわけではなく、あくまで対応の一例です。話し始めがどういった形であれ、互いに望む解決までの話を丁寧につないでいくことは、あらゆる場面に応用できる考え方なので、後の章でも何度も登場します。

●事例1の対応方法（2）　さて、どうにもならない⁉

相談者の言い分を十分に聴く姿勢で臨んでも、全く通用しないということも起こります。各々の職場で、過去の経験などから想定できるクレームがあるかと思います。「こんな時はこうする、こう言う」といった具体的な行動や文言を盛り込んだ対応マニュアルを作成して担当内で共有するなど、相談者に飲み込まれない対策が必要です。

●明らかに不当な言い分

話しているうちに相手が徐々に感情的になる、といった状況であれば、こちらの対応にも工夫の余地がありそうです。しかし、最初から感情的になっている状態であれば、先に紹介したやり方で話を聴こうとしても、残念ながら全く通用しないこともあります。それが明らかに不当な言い分なのであれば、あとは穏やかに、かつ毅然と対応するしかありません。

そのような時によく経験したことが、名前や年齢など個人情報を聞かれることです。先にも紹介しましたが、後で上の者に言いつけるという目的を話した人もいましたので、何とか主導権を握ろうという心理が働いているものと考えられます。

私の姓である「佐藤」は、日本で最も多い姓であるため、姓を名乗っても名を求められることが多いです。必要であれば伝えますが、たいていは○○課の佐藤で済ませて、フルネームは言いませんでした。その課に自分と同じ姓がいなければそれで事足りますし、複数いても○○担当の佐藤と言えば自分しかいないという状況にありました。

これは、あまり個人を印象づけることがないように、自己防衛のためにしてきたことです。先の事例に挙げた「そっちの間違いだから責任を取れ」のように、こちらの誰にも落ち度がなかったことを一個人にぶつけられ、そのまま個人攻撃にすり替えられる、ということがしばしばあったためです。

私は名や年齢を求められても、「この担当に佐藤は私だけですので、名前まで言う必要はありません」とか「今話題にしていることに私の年齢は関係のないことです」といった具合に対応していました。話は聞くけれど、余計なことには応じないという姿勢を、穏やかに、かつ毅然と行うことを心がけてきました。思い通りにならないと感じたのか、捨て台詞（ぜりふ）を残して立ち去ることもありましたし、徐々にトーンダウンして、冷静に話ができる状態になることもありました。

●こちらに落ち度がある場合

不当な言い分や要求ではなく、例えば「組織としての対応のまずさ」に起因したクレームであれば、お詫びを含めながら相談者の言い分を十分聴く必要があります。落ち着いて話ができる場所に移動するなど、冷静に話せる状態に導きながら、「今どんなことを話せたら良いか」という話題にたどり着くように話をつないでいきます。

ただただ怒りをぶつけたいという状態でなければ、このような姿勢で聴くことにより、相談者が本当に話したいことを話すことができて、話の方向性がうまくまとまることもあります。最初は怒っていた相談者と、最終的には冷静に話ができたこともしばしばあり、話の終わりに「興奮して申し訳なかった」「聴いてくれてありがとう」などと、お詫びやお礼を言われたこともありました。

●カスタマーハラスメントに該当する場合

最近、テレビなどでカスタマーハラスメントを略した「カスハラ」という言葉を見聞きする機会が増えました。私が苦労して対応していた頃も、この「カスハラ」という言葉は既にあり、「今のはカスハラに該当する」と思いながら仕事をしていたことが度々ありました。ただ、今ほどクローズアップされている状況ではなかったので、組織でどう対応するかという議論にはなっていませんでした。そのため、苦労しながら一人で何とか対応するということが幾度もありました。本来であれば、「一人で対応するのではなく、係長級以上の人を呼んで複数で対応しよう」など、担当内でルール作りをして、それを共有して備えるべきであったと考えます。

例えば、電話対応の最中に「殺す」など脅迫に当たるような言葉を向けられた場合、「恐怖を感じるので電話を切らせていただきます」と伝えてこちらから電話を切るというルールがあってもいいでしょう。切ってもしつこく電話がかかってくるようであれば、上司が電話に出て、「ここは○○の相談を受けるところなので、冷静にお話ができる状態になってからまたお電話ください」と伝える、それでも状況が変わらなければ、「冷静にお話しできないのであれば切らせていただきます」と伝えて電話を切る、という話の流れをフローチャートにしてもいいでしょう。これに、感情を入れずにブロークンレコードテクニック（コラム①参照）を用いて伝えるとか、必ず録音するといったこともルールとして考えられることです。

最近は、「社内で共通のルール作りをしている」といった報道も見聞きする機会が増えましたので、昔のように一様に「お客様は神様」とする時代が変化してきている印象を強く持っています。

また、労働者を守るという風潮が高まり、働きやすいルール作りが促進され、仕事へのモチベーションが損なわれないような環境に変わっていくことを願っています。直接現場で対応する方が疲弊しないように、このような取り組みがあちこちで促進され、「やってもらって当たり前」ではないという価値観が相談者側にも根付いていくことを期待しています。

事例１のまとめ　事例１のその後

この電話を受けた私の同僚は、音声記録などには触れず、こちらは正しい情報を伝えたと、穏やかに、かつ毅然（きぜん）と対応した。また、要望に沿えず、不快な思いをさせていることは詫びて、もう一度予約してほしいと伝えた。相談者は、その後数回同じ訴えを強い口調で繰り返したのに対し、同僚も同じ返答を繰り返していた。その繰り返しのさなか、相談者が電話を切り、再度電話がかかってくることはなかった。
そして後日、念のため予約状況を確認したところ、その男性の名前を見つけた。

【結果】
・同僚が対応した結果、改めて予約してもらうことができた。
・相談者にとっても、本来の目的であるワクチン接種にこぎつけることができた。
・それは、まずはワクチン促進という大義を果たすための対応ができたからである。

【ポイント】
・クレーマーに対して、まずは話（言い分）を聴く姿勢を取ることが重要。
・クレーム対応は一人で行ってはならない。
・カスタマーハラスメントをはじめ、対応者が苦慮する場合は、上司に相談したり、職場で共通ルールを決めたりするべき。

コラム①

ブロークンレコードテクニック

レコードといっても様々な意味で使われますが、ここでいうレコードは、音楽や音声を記録したメディアのことです。レコードは、ちょっとした傷がつくと、同じところを繰り返し再生してしまうことがあります。そのため、壊れたレコードのように、何度も同じメッセージを繰り返し相手に伝えることを、ブロークンレコードテクニックといいます。

対応者が自分の感情を入れず、穏やかに落ち着いた口調で同じメッセージを繰り返し伝えることが、相手の言い分に必要以上に取り合わないというメッセージにもなります。

第2章

うちでは対応できない？

1 相談業務のあってはいけない「あるある」

相談業務に携わっていると、「あるところに相談したら、こちらを紹介されたので電話しました」といった具合に、自分が所属する相談機関に、2番手、3番手くらいの順番で行きつく相談者が結構いました。ただ、話を聴くと、最初に相談を受けた機関がもう少し話を聴いてくれていれば、うちまでたどり着かなくても済んだのではないかと思うことが多々ありました。

最初に相談を受けた機関が、然るべき対応力を発揮すれば、相談者に2度手間、3度手間をかけなくて済みます。相談機関も3番手ぐらいになると、「たらい回しにされた」という相談者の怒りを鎮めるところからスタートせざるを得ない、といったことも起こります。

この章には、相談を受けて、「自分の領分ではない」と認識した際、どのような対応が必要なのかを具体的に記載しています。相談者は、意を決してようやく相談できたのかもしれません。そのような状況で、がっかりさせてしまう対応は避けたいものです。

2 事例を通じて「さて、どうする？」

前章同様に、いくつかの事例について、私が具体的にどのように対応したのか書かせていただきました。やはり、いろいろな考え方がありますので、各事例について述べていることは、必ずしも最善とは限りません。しかし、参考にできる部分もあるかと思いますので、様々に活用していただけると幸いです。

事例2

相談内容：「息子のことで相談したいが、児童相談所に相談するように言われたので電話した」という子どもに関する相談。
相 談 者：60～70代と思われる女性
対 応 者：著者

対応場面：電話での相談対応
※著者は、この時児童相談所に在籍

ある役所の部署から、「今、子どものことで相談したいという電話があった。児童相談所を紹介し、電話番号を伝えた。そのため、そちらに電話すると思うので、対応をお願いしたい」という内容の電話があった。そして、ほどなくして相談者からの電話が鳴り、「息子のことで相談したい。そちらに相談するように言われたので電話した」と言った。

私はこの相手の声が、失礼ながら60～70代くらいの女性の声に聞こえたため、何歳の息子かを尋ねたところ、30代後半の息子であることがわかった。

●事例２の問題点の分析　このような場面でよく起こること

●うちの客ではないと門前払いしてしまう

児童虐待の問題がクローズアップされている昨今、児童相談所がどういった機関なのか、報道を通じて露出される機会が多くなっています。そのため、ご存じの方もたくさんいると思いますが、18歳未満の子どもの相談を受ける機関です。よって、まず30代後半という年齢で「うちの客ではない」という認識になります。しかし、そこですぐに「うちの客ではない」という対応をしてしまうと、最初に対応したある役所の部署と何ら変わりのない、組織としてまずい対応になってしまいます。

●事例２の対応方法　さて、どうする？

●門前払いではなく、まずは話を聴く

私は、「どのようなご相談ですか」と相談者の相談内容を聞いたのですが、息子の借金の問題について相談したいことがわかりました。そこで、「申し訳ないが借金の問題には対応できない」「その内容であればこういったところで相談できる」

と然るべき相談機関を伝えて電話を終えました。また、その然るべき相談機関にもすぐに電話をして、このような相談があると思うので、よろしくお願いしますと伝えました。

せめて最初に電話を受けた部署が「どのようなご相談ですか」と聞いてくれていれば、子どもの借金の問題とすぐにわかったことでしょう。そうなると子どもの年齢も必然的に18歳未満ではないとわかりますし、然るべき相談先を伝えられたはずです。

事例2のまとめ

[結果]

・相談者は、その後借金の問題を扱う相談機関に相談することができた。
・それは、まずは話を聴いて何を相談したいのか把握できたことと、対応者に然るべき相談機関の情報があり、それを伝える対応ができたからである。

・幸い、相談者に怒鳴られることはなかったが、「たらい回し」と立腹されてもおかしくない事例である。

［ポイント］

・「まずは話を聴く」という心構えが必要。
・「このような相談はどこで扱ってくれるのか」と様々な具体的相談事を想定し、それに対応できる相談先を知っておくべき（第6章参照）。

事例3

相談内容：「死にたい気持ちが収まらないので今すぐ死にたい」という相談。
相 談 者：50代男性
対 応 者：著者

対応場面：電話での相談対応
※著者は、この時精神保健や自殺対策に携わる保健所の部署に在籍

ある役所の部署の担当者から、「相談者が今すぐ死ぬと言っている。保健所から電話してほしい。相談者の電話番号は〇〇」と保健所に電話があった。その担当者は、「相談者が今すぐ死ぬと言っているので早く電話してほしい」「それ以上は何も聞いていない」と言った。

●事例3の問題点の分析　このような場面でよく起こること

●自分は専門家ではないと門前払いしてしまう

確かに、「今すぐ死ぬ」と言われてしまうとどうしていいかわからず、戸惑ってしまいます。そのため、対応できそうなところを頼ることはよくあることで、然るべき専門家につなぐべきと考えることは間違いではありません。しかし、相談者が

匙（さじ）を投げられたと失望して、折り返しの電話に出なかったらと思うと、いたたまれない気持ちになります。専門家でなくてもできることはあります。

●事例３の対応方法　さて、どうする？

●話を聴きたいというメッセージを伝える

私が折り返しの電話を入れるとすぐに出てくれました。興奮した様子で、死ぬためにいろいろな物を準備していることなどをまくしたてました。なかなかこちらが話の間に割って入る隙がなかったのですが、「今死にたいという気持ちはわかりました。せっかく電話をくださったので、それについて少しお話しできませんか」と何度か繰り返しました。すると、３回目くらいのタイミングで、「何を話すんだ」と反応してくれたため、「死にたいって、いつからそう思っているのですか」と聞いたところ、「知らねーよ」と返答がありました。

●その場に提供された言葉や話題を用いた会話を心がける

先ほどまでの一方的に話される状態から、ようやく会話になったため、すかさずを準備しているのですか」など、先ほど死ぬためにいろいろな物を準備していると話してくれた物について聞いていきました。「いちいち何を聞いているんだよ」「そんなことが聞きたいのか」と文句を言われながらも、会話になっているため、聞く耳を持たない状態ではないと安心しました。

相談対応において、何か気の利いたことを言わなければならないと気負う必要はありません。私は、相談者から出てきた話題について、もう少し詳しく聞かせてほしいと、相手の言葉を会話に利用したにすぎません。

結局、準備した物のほとんどが小屋にあったものと話してくれたので、「じゃあ、だいぶ前から死のうと思って準備していたのですか」と聞いたところ、そうではなく生活で使うために購入したものであることがわかりました。最近、仕事や生活に行き詰まりを感じ、突発的に死にたいという気分になり、小屋からいろいろな物を持ち出したということでした。決して計画的に用意したものではなく、本当は死にたくないとも話してくれました。そのような話をしているうちに、「なんだか話していたら少し気が楽になった」と言い、この後はテレビでも見て過ごすと言い出しました。そのため、「行き詰まったらまた話を聴かせてほしい」と伝え電話を終えました。

事例３のまとめ

［結果］

・対応者に、他に相談の予定が入っていなかったため、すぐに対応できた。
・相談者から「保健所の方と話ができて良かった」と感謝の言葉をいただいた。
・相談者が「今すぐ死ぬ」という状況ではなくなった。

［ポイント］

・専門機関がすぐに対応できるとは限らない。
・相談してくれたということは、聴いてほしいという前提がある。
・この事例では、現在の状況を客観的に振り返ることで落ち着きを取り戻した。それは、相手の言葉を会話に利用したにすぎず、専門家でなくてもできること。
・他機関を紹介する場合は、話して少し落ち着いたところ（コラム②参照）

で提案する。

コラム②

「話して少し落ち着いたところ」とは

事例3の［ポイント］の中で、「話して少し落ち着いたところ」と書きましたが、そうは言われてもどのタイミングがそうなのか、と疑問に思われる方もいらっしゃるかもしれません。

「死ぬ」と言いながらも電話をかけてくれているので、「話したい」「聴いてほしい」という気持ちがあるはずです。そのため、例えば「いつからそんな辛(つら)い状況になっているのですか」など、相談者が事情を振り返るきっかけづくりを試みます。

先のクレーム対応の章でも触れましたが、もっと詳しく教えてほしいというスタンスで聴いていけると、相手がそれについて客観的に振り返ることがあります。そうなると、今すぐ死ぬということにとらわれている状態から距離をとることにつながり、「いつ、何があったか、どう感じていたか」など、今死ぬことにとらわれている話から過去の話にシフトできる可能性があります。その客観的に振り返ることができたタイミングが「話して少し落ち着いたところ」になります。

事例４

相談内容：「精神的不調で専門家への相談を促されたが、行く気力がない」という相談。
相　談　者：30代男性
対　応　者：著者
対応場面：対面での相談対応
※著者は、この時精神保健や自殺対策に携わる保健所の部署に在籍

30代男性は、職場でストレスチェックを受け、高ストレスと判定された。産業医に相談するか、精神科や心療内科を受診するか、といった選択肢が示され、対処法について書かれたリーフレットを渡された。しかし、それに目を通す気力はなく、精神的不調で病院を頼った経験もなかった。次の一歩を踏み出せずにいたが、病院よりはハードルが低いと思い、保健所に相談した。

●事例4の問題点の分析　AだからBをすればいい？

●隙間の支援

「精神的不調だから、病院に行けばいい」と示されたのであれば、保健所に来た段階で「うちの客ではない」と認識し、すぐに受診を促す対応もあるかもしれません。「AだからBをすればいい」という助言による支援だけで、行動に移すことができる人もいます。しかし、頭ではわかっていてもなかなか行動できない人もいます。その場合、そのAからBまでの隙間をつなぐ支援（コラム③参照）が必要です。

同じような経験をした人から、「自分はメールやラインで対処法を提案されたが、そもそもそれを見る気力がなかった」という話を聞いたこともありました。

そのため、まずは示されたものに向き合う気持ちになれるような支援が必要です。この事例では、ストレスチェックの結果からその対処までの隙間をつなぐ支援が必要なのではないか、ということになります。

●事例４の対応方法　さて、どうする？

何度か面談を重ねていると相談者から、「実は話を聴いて一緒に考えてくれる人が身近にいる」という話がありました。「最近は少しずつ気持ちが整理されて、受診に向き合う気持ちになっている」という話も聞けました。そのため、私はその気持ちに沿いながら、「受診をいつにするか」「誰と行くか」など、具体的な行動のイメージを持ってもらえるような話をして、面談を終えました。

●ゲートキーパーの視点で

事例３のように、「死ぬ」と言われても冷静に対応できないので、すぐに専門家に任せた方がよいと考える人もたくさんいることでしょう。しかし、すぐに専門家につながるとは限らないため、そこにつなげるための支援が必要になります。社会全体で支えていく包括的支援（第6章参照）という視点が必要で、特定の人の力のみで支えられることはなかなかありません。

「自分にとって身近な人がそのような状況に追い込まれる」といったことも全くの絵空事ではありません。そんな時には、自分も微力ながら支え手としてできることがある、という自分事としての視点を持ってもらいたいと願っています。

ゲートキーパー（コラム④参照）という言葉をご存じでしょうか。隙間をつなぐ支援がまさにそれにあたります。

事例4のまとめ

［結果］
・30代男性は、精神科を受診した。

・精神科受診までをつないでくれた人が身近にいたので、何度か話を聞いてもらい一緒に考えてもらう、ということを繰り返した。

［**ポイント**］

・「AだからBをすればいい」だけで本当に解決に向かえるのかを考える。

・必要に応じて、その隙間でできる支援を考える。

コラム③

隙間をつなぐ支援

最近、報道の中で事あるごとに、相談先の電話番号案内を見聞きします。効果があって利用されていれば良いのですが、もっと効果的な方法がないものかと考えさせられることもあります。

私が児童相談所など児童福祉分野に在籍していた頃、子ども向けに相談の周知活動をしたのですが、結局相談全体に占める子どもからの相談割合は、とても少なかったと記憶しています。また、精神保健分野に従事していた頃も、同じように相談の周知活動がありましたが、そこから相談につながったという事例もとても少なかった印象です。少ないとはいえ、利用者が一人でもいるのであれば、意義のあることだと思います。しかし、それと並行してもう少し何か効果的なことができないものかと模索していました。

特に、子どもが自ら相談機関に相談することは、かなりハードルが高いことだと思い知らされました。「どんな人が対応するのかわからない相談機関に、自分の話をしてどんな反応をされるのか」と、具体的にイメージできないことが子どもの大きな不安になっていました。ただ、そのような子どもがどこにも相談しないわけではなく、その子にとって身近で信頼できる人（支援者）に話していることがわかりました。

その支援者とつながることで、子どもが救われているのであれば、必ずしも相談機関につなげる必要はありません。しかし、支援者が「子どもをさらに効果的に支える必要がある」と思うのであれば、支援者が子どもに代わって相談機関を頼ってほしいところです。

私が経験した事例では、支援者の困っていることに寄り添いながら、子どもについても一緒に考えました。結果的に、子どもと相談機関がつながり、その隙間を埋めてくれた支援者とともに、協働でその子を支えるという、より効果的な支援につながりました。

「AだからBをすればいい」という状況はあらゆる分野で起こることです。それについて、その隙間にある支援を意識し実践することも、悩んでいる人を救い上げる一手になるものと考えます。

コラム④

ゲートキーパーとは

身近な人の自殺の危険を示すサインに気づき、声を掛け、話を聴いて、必要な支援へとつなぐ役割を担う人のことです。自殺の問題がクローズアップされ、日本各地でゲートキーパー養成講座が開かれ、私も含め何万人もの方が受講しています。そのため、せめて相談を受ける仕事をしている方は、ゲートキーパーとしての対応力を身につけてほしいと願っています。

事例5

相談内容：「担当者に話が通じない」という相談。
相　談　者：80代女性
対　応　者：若い相談担当者・著者
対応場面：窓口での相談対応
※著者は、この時精神保健や自殺対策に携わる保健所の部署に在籍

相談者の訛(なま)りが強く、話していることがわかりにくいため、何度も聞き返す相談担当者がいた。相談に来た80代女性は、表情がゆがみ、声も大きくなって、そのうち怒り出すのではないかという状況にあった。見かねた私が、事態を悪化させるのを防ぐため、途中で割って入った。冊子を持参していたため、それを見ながら話を聴いたところ、ある障害福祉サービスを受けたいということがわかった。

●事例５の問題点の分析　なぜ、こうなる？

●その土地の方言や訛りに馴染みがない

この事例は危うく、「うちでは対応できない」になりかねない状況でした。担当者は、私よりはるかに若い人なのですが、相手が何を喋っているのか全く聞き取れなかったそうです。

私の偏見かもしれませんが、身近にお年寄りがいない環境であったり、テレビや動画から流れる音声に馴染んでいたりするためか、その土地の方言や訛りのない、標準語を話す若い人が多いように見受けられます。

●事例５の対応方法　さて、どうする？

●相談者を不安にさせない工夫を

相談者がお年寄りであれば、その土地ならではの方言や訛りが目立つ方もいらっしゃいますし、病気の症状などで声量が小さい方もいらっしゃいます。その一言一句がわからなくても、聞き取れる部分から話の内容が推察できることもあります。

「おっしゃっているのはこういうことですか？」と相手が言いたいと思われることを要約して聞き返してみるとか、「もう少し詳しくお話ししていただけますか？」と話をつないで、相談者を不安にさせない工夫はできます。

●その場に持ち込まれたものを、最大限利用する

私は祖父母が身近な存在で、自然に方言や訛りに馴染む環境にありましたので、その相談者が話していることは部分的にでも聞き取ることができました。そのため、何かの手続きがしたいことまではわかりました。

また、バッグに何かの冊子が入っているのが見えたため、「それは手続きのため、今日お持ちいただいたものですか」と聞いたところ、取り出して付箋を貼ったページを見せてくれました。そこでようやく、何を手続きしたいのかがわかりました。

事例3にもありましたが、その場に持ち込まれた話題や言葉、対面であれば身に着けているものが見えますので、それらを最大限利用することも、解決に導く鍵となります。

事例5のまとめ

［結果］

・その場に持ち込まれた数々の材料で話をつなぎ、目的である手続きにこぎつけることができた。

［ポイント］

・一言一句がわからなくても、聞き取れる部分から話の内容を推察することが重要。
・推察できても勝手にわかったつもりにならず、相手が言いたいと思われることを要約して確認する（第4章2.（2）参照）。
・困った時は、その対応を一人で行ってはならない。
・人目があるところで何度も聞き返されると嫌な思いをさせてしまうかもしれない。そのため、クレーム対応の章でも述べた通り、きちんと聴きたいという理由を告げて、別室に移動し、必要であれば筆談も用いながら対応する。

第3章

価値観の押し売りはNG

1 アドバイスは必要？

日常生活の中で、あるいは仕事中にアドバイスを求められることは、多くの人が経験することではないでしょうか。そして、たいていは自身の経験を頼りに、アドバイスをするのではないでしょうか。

それは、例えば自身や、あるいは自身が見聞きしたことのある他者の成功体験に基づいていたり、「そんな時はこうすべき」といった自身の価値観に基づいていたりするものです。

日常のちょっとした場面や、仕事で即応しなければならない場面で、それを乗り切るに足るアドバイスとしてありがたいこともありますが、こと相談業務においては、これがかえって仇になることが往々にしてあります。

この章には、相談業務において、対応者の価値観が相談の妨げになる場合があることについて、私が経験した事例を通じて具体的に記述しています。後の章でもまた触れますが、「せっかく話を聴いてもらいたくて相談したのに、対応者の価値観を押し付けられた」「長々と話を聞かされた」という声をいただいたことが度々ありました。そのため、そういったことが起こらないようにどうしたらいいのかを取り上げました。

2 事例を通じて「さて、どうする？」

先の章と同様に、この章のテーマに沿ったいくつかの事例を提示します。これらについても、いろいろな考え方がありますので、各事例についてここで述べていることは、必ずしも最善とは限りません。しかし、参考にできそうであれば、様々に活用していただけると幸いです。

事例6

相談内容：「他の相談機関に電話相談したところ、寄り添った対応をされなかった」という相談。

相　談　者：20代女性

対　応　者：著者

対応場面：電話での相談対応

※著者は、この時精神保健や自殺対策に携わる保健所の部署に在籍

「ある相談機関に電話したところ、全く寄り添った対応をしてもらえなかった」と保健所に電話があった。他機関には「仲間に電話やメールをしても応答がなく、避けられているようで困っている」と相談したが、「返事が来ないことでまた苦しむのであれば、コンタクトを取らなければいい」とアドバイスを受けた。20代女性は、「相談機関にもかかわらず、相談者に対して全く寄り添った対応をしていない」と憤慨していた。

●事例６の問題点の分析　なぜ、こうなる？

●答えを持っているのは対応者ではない

寄り添うとはどういうことなのでしょうか。辞書的な意味は知っていても、実際にどのような対応ができれば寄り添ったことになるのでしょうか。誰か相手がいて、「寄り添う」ということですので、その相手が「寄り添ってもらった」と感じるのであれば、結果的にそれが寄り添った対応であったと言えるのだと思います。

ここでは「相談」という場面においての「寄り添う」という意味について、一つの考え方を書かせていただきます。

読者の皆さんは、相談を受ける立場になった時、何かアドバイスをしなければならないと気負ってしまうことはないでしょうか。また、自分の価値観で話してしまっていることはないでしょうか。

相談を受けるからには解決を求めたいのは当然で、そのために気の利いたアドバイスをしたいところです。しかし、解決に向けて一緒に考えたいので「まずは情報をください」というスタンスで、相談者が話すのを促すことが大事です。大抵は話をしたくて、聞いてもらいたくて相談しますし、アドバイスを求められているのだとしても、まずは相談者に十分話してもらいましょう。

「それでどうなったのですか」「それからどうなったのですか」「もうちょっと詳しく教えてもらえますか」など、相談者の発話を促す働きかけは、このようなちょっとした問いかけ、対応者のわずかな労力で十分できます。まずはそれを十分にする気持ちで臨めばいいのであり、アドバイスをしなきゃと気負う必要はないのです。

また、アドバイスするということは、「自分の経験上こうだった」「あの人がこうだったからこうするのが良い」など、対応者の価値観を伝えることになります。それが必ずしも相手にフィットするとは限りません。取って付けたようなアドバイスではなく、その人が求めているものはその人から引き出して、主体的に気づいてもらう過程を経た方が本人も腑(ふ)に落ちます。

事例6の対応方法　さて、どうする?

●相手の中に答えを見つける

その人の中に答えがあることに気づいてもらうように話をつないでいくと、価値観の押し付けにはならないはずです。このように対応できることが、「相談」という場面において「寄り添う」ことになるのではないでしょうか。

私は、その避けられている状況について、「もう少し詳しく教えてもらっていいですか」と相談者の発話を促し、どうなると私と話ができて良かったと思ってもらえるのかを探りました。

結果的には、避けられているとしても、数少ない話せる仲間としてつなぎ留めたいという気持ちがある、ということを共有できました。困っていることを解決できたわけではありませんが、「わかってもらえただけでも話した甲斐があった」とおっしゃっていました。

事例6のまとめ

[結果]

・「わかってもらっただけでも話した甲斐があった」と言ってくれた。

［ポイント］

・相談内容の表面だけをすくうのではなく、どんな話ができると、相談して良かったと思ってもらえるのかを探ることが大切。

・対応者の過去の経験からのアドバイスが正解とは限らない。

事例7

相談内容：「中学生の子どものことで相談したい」という母親からの相談。

相 談 者：40代女性

対 応 者：著者

対応場面：対面での相談対応

※著者は、この時児童相談所に在籍

相談者が、「ある相談機関に、子どものことで相談したい」と問い合わせたが、本人を連れて来ないと相談にならないと言われた。本人は不登校とひきこもりであるため、外に連れ出すことは困難。

事例７の問題点の分析　なぜ、こうなる？

●本人がいなければ相談にならない、と考えるのは早計

確かに、「本人がどうしたいのか」に焦点を当てると、相談に来た家族の話を聴くだけでは何ともならないのかもしれません。しかし、私がこれまで主に歩んできた児童福祉分野や精神保健分野では、相談の対象となる本人がその場にいなければ相談にならない、ということはほとんどありませんでした。

そのような本人に対して、「家族としてどうしたいのか」に焦点を当てると、相談にならないことはありません。対応者の偏った価値観が相談の妨げになることがある、ということも意識しましょう。

●事例7の対応方法　さて、どうする？

●困っている人とまずはつながる

子どものことで相談したい家族がいたとして、内容によっては、子ども本人と直接話す機会を設ける必要が生じることもあります。しかし、最初に意識することは、相談してくれた家族とつながることです。来てくれた人が困っているのであれば、その人とは比較的容易につながることができます。相談したいことは子どものことですが、相談してくれた家族が困っていることに寄り添うことはできるはずです。

私は、話を聴くことを通じて、まずはその家族に「この対応者は話せる人だ」と信頼してもらえるように努めました。その家族と築いた良好な関係をベースに、後に本人と会うことができました。

事例７のまとめ

［結果］

・最初に相談してくれた家族の信頼を得て、定期的に面談することができた。

・一緒に話し合いながら解決を探る中で、本人も面談に来てくれるようになった。

［ポイント］

・まずは困っている人に寄り添う。

・そこから本人に結びつくように丁寧に話をつなげる。

コラム⑤

苦い思い出

「ぼくはおとうさんがくるまでまっていました」

これは私が小学1年生の時に書いた作文の一部です。漢字で書くと「僕はお父さんが来るまで待っていました」となります。しかし、小学1年生なので、漢字は使っていません。

この作文の概要はこうです。私の父が、仕事で出かけた際に私もその車に同乗し、父の仕事が終わるまで車内で待っていたという話です。

そういった文脈を考えると、既述の漢字に変換されるはずなのですが、先生はなぜか「お父さんが車で待っているの」「あなたが仕事に行ったの」と言われ、反論するスキルのなかった小学1年生の私は、ただただモヤモヤした気持ちを抱え、いまだに忘れられない苦い思い出となってしまいました。

あまりに悔しかったので、時々思い出してはその作文を見つめる自分がいました。最後に見たのは小学校高学年頃と記憶していますが、やはりどう見ても、文章全体を見渡せばどんな話かわかりますし、「お父さんが車で待っていました」だとしても、その直前にある「ぼくは」とつながらないでしょう、と作文に怒りをぶつけていました。

なぜこんなエピソードを紹介したかというと、この怒りの気持ちを持った自分と、怒鳴っている相談者が重なったからです。相談の多くは、相談者に何か要件や聴いてもらいたいことがあってのことですが、要件が伝わらなかったり、聴いてもらえずに他に回されたりすると、怒りの感情が湧いて当然です。また、対応者の価値観で話を捉えてしまうと、相談者には寄り添ってもらえなかった感が募ります。

考え方篇

第4章

どのような
姿勢で
臨むか？

❶ 場合によっては、ある程度の自己開示もあり

これまで、自己開示の研究に関する講演を聞いたり、論文を読んだりする機会がありました。そこから得た私なりの理解として、自己開示とは「対応者が、自身の個人的な経験や体験を明かすこと」や「相談者との話の中で、対応者に生じた感情などを明かすこと」なのだと認識しています。対応者が自己開示をするかについては、肯定する人もいれば否定する人もいて、その人が寄って立つ考え方で様々です。私は表題の通り「場合によっては、ある程度の自己開示もあり」という考えです。

前者の「対応者が、自身の個人的な経験や体験を明かすこと」については、話の入り口で相手を惹(ひ)きつける程度に用いるのはありだと思っています。「つかみはOK！」のイメージです。それ以上のことをしてしまうと、せっかく相談してくれた方に不信感が生じます。

これまでも、相談していただいた方から、別の相談機関に対する不満を聞く機会が何度もありました。それは、「話を聴いてほしくて電話したのに、相談員の体験談を聞かされて、私がその聞き役をする時間が長かった」「相談員の成功体験から、

その価値観を押し付けられた」などといった内容です。また、そういった体験をした人から、「もうそこには相談しない」「別の相談機関に相談する時に、またそうなるのではないかと強い不安を感じた」といった話を聞くこともありました。これは明らかに「ある程度」をはるかに超えてしまった結果だと思います。

一方、話の入り口で相手を惹きつける程度に用いるというのは、「必要以上に自分の個人的な経験や体験は言わない」という姿勢は持ちつつ、場合によっては自分のことを少し明かした方が、信頼して話してもらえることがあるということです。

例えば、子育ての悩みで相談を受けた時、私自身の経験を聞かれることがあり、「私にも子育ての経験がある」という程度の情報を提供することがあります。なぜ相手がそれを聞いてくるのか、何を意図した質問なのか、といったことに対応者が関心を向けることが大事です。

この程度の情報提供をすることによって、相手には「子育ての経験があるのであれば、わかってもらえるのでは」という対応者に対する期待が生じ、もっと話してくれるきっかけになるだろう、という考えに基づいて行った記憶があります。

また、後者の「相談者との話の中で、対応者に生じた感情などを明かすこと」については、相談者に対して肯定的な内容であれば、積極的に伝えています。それにより、「この人には話しても大丈夫だ」という信頼感が増し、「もっと話したい」という気持ちを高め、相談を促進させる効果があると感じています。一方、相談者に対して否定的な内容であれば、なぜそのような感情が湧いたのかを自分なりに考えますし、伝えるかどうかは吟味します。

話をつないでいく中で、このような自己開示がその話の流れをつなぐ役割を担うこともありますが、気を付けなければならないこともあります。相談者によっては、自身の不安などを抱えきれず、周りの人を巻き込んで対処しようとする人もいます。その場合、こちらの個人的な情報をどんどん聞き出そうとすることがあります。いつの間にか、相談者のペースに乗せられてしまい、個人の携帯電話番号まで教えてしまったという対応者の話を聞いたことがあります。そんなことになってしまうと、抱えきれない不安に対処するために、夜中であろうと電話がかかってきてしまうことにもなりかねません。

相談者との話の状況について、「今はこういうことが起きている」と俯瞰(ふかん)しながら、必要以上の個人情報は明かさないという意識を持つことが大事です。相談者の話題に乗りつつ、話の流れをつなぐために、戦略的にある程度の自己開示を行う、といったことは有効だと考えます。そして、対応者が主で話すのではなく、あくまで「相談者の話を引き出すことが目的」であることを意識することも大事です。

2 話をつなぐ技術でとにかく聴く

これまでの話題で「話をつなぐ」という言い方をしてきましたが、改めてどのようなことなのかを紹介します。いろいろなやり方があると思いますが、私は次のような方法で行います。

（1）関わりのベースは傾聴

傾聴とは「耳を傾けて聴くこと」「熱心に聴くこと」を通じて、相談者のことを理解する手段のことです。

私は仕事柄、講演を頼まれて人前で話す機会がありますが、傾聴について話すこともあります。受講者から「今さら傾聴の話か」「そんなことは当たり前にやっている」と言われることもあるのですが、事例に挙げたような「寄り添っていない」

という声を幾度も聞く現状では、当たり前にできていない場合も多いのだと感じています。そのため、ここで一度話題にしておきたいと思います。

●（2）傾聴とは、具体的に何をするのか？

よく、「受容、共感」と聞きますが、私も行っています。

例えば、誰かの悪口など一方的な話であっても、否定はせずに「そういうことがあったのですね」「そのように思っていらっしゃるのですね」などと、相談者の気持ちや言葉を尊重し、否定せずにそのまま受け止めることが受容です。

相談者の身になって「それは苦しいですね」「それは辛いですね」などと、気持ちを感じ取るように聴き、対応者もそう思うことが共感になります。

その話の中で「それで」「それから」「もう少し詳しく」を織り交ぜると、相談者から話を引き出しやすくなります。それに加えて「よく頑張ってこられましたね」「よく辛抱されましたね」などとねぎらうことも、話を聴く中でよくしていることです。

相談者が黙り込んでしまうこともありますが、それも想定内ということで焦らずじっくり待ちます。待ってみて相談者が話を切り出さない時は、「今どんなことを考えていらっしゃいますか」「もしよかったらお話を伺わせていただけますか」などと話しかけてみます。

そして、あいづち、うなずきを適度に入れます。あなたの話をしっかり聴いているよというメッセージになります。「そうなんですね」「なるほど」などと、対応者に場に即した反応があると、相談者は聴いてもらえているという気持ちになります。話が迂遠だったり複雑だったり、内容がよくわからない時は、わかったつもりにならず、「今のお話はこういうことですか」と確認します。対応者の私はこんなふうに聴いていますがそれで間違いありませんか、と確認しながら内容を共有するということです。多少話を要約して返してあげると、内容が整理され、考えやすくなります。よく聴いていないとできないことなので、相談者にはよく聴いてもらえているという満足感や信頼感が生まれます。

他に、適度に質問を入れます。質問には、「開かれた質問」と「閉じられた質問」があります。開かれた質問は、「今日の体調はいかがですか」「今どのようなことが辛いですか」など、相談者が気持ちや考えを自由に答えられる質問。それに対して、閉じられた質問は、「今日は調子が悪いですか」「今、辛いですか」など、

「はい」「いいえ」で答えられる質問のことです。閉じられた質問であれば、気持ちが沈んでなかなか話ができない状態の人でも、やりとりできる可能性があります。

傾聴とは、ざっとこんなことだと具体的に挙げてみました。さらに、話をつなぐ技術として次のようなことも行っています。

●(3)ベースは傾聴だが、それをしながらさらに何を意識するのか?

多くの相談者は「自分のことをわかってほしい」という欲求を持っており、誰かに聴いてもらいたい気持ちがあります。対応者が傾聴という手段を用いることによって、相談者は「わかってもらえた」という気持ちになります。

聴いてほしいけれど、何から話していいのやらと会話が続かなくなる場合もありますが、傾聴のポイントを押さえた聴き方ができると、相談者が話しやすくなったり、もっと話したいという気持ちになったりします。一足飛びに、話をわかった気にならないように丁寧に話をつないでいきますが、語られる内容から、その人の意図や意味することに関心を向けて、常に「今はどのような枠組みの中で話をしているのか」について把握します。

その「枠組み」について、わかりやすいように例を示します。これは、私が過去に受けたある初回相談の様子です。なお、実際にあった事例のエッセンスを可能な限り盛り込んだ架空事例となっており、読者の皆さんに伝えるのに必要な部分だけ抜粋しています。

対応者：どのようなご相談ですか。
相談者：職場のAさんの仕事が遅くて困っています。その仕事が終わらないと帰れないので、結局手伝う羽目になります。毎日そんな状態で参っています。
対応者：その状況について、もう少し具体的に教えてもらえますか。
相談者：その日やらなければならない仕事の量があって、Aさんは他の人の半分くらいしかできないので、周りがカバーしなければならなくなります。
対応者：今話していただいたことは、他にもどこかで相談していますか。
相談者：上司に相談したのですが、全く改善されません。もう何回も相談しているのに何もしてくれません。

その後、この相談者は、会社に対する不満を延々と語っていました。

相談者が、このたびの相談に至るまでに、このことについて上司以外に相談したことはなかったそうです。そのためか、溜まった不満を延々と語る状態でした。そこで、先ほど話題にした傾聴を踏まえて、「そういうことがあったのですね」「そのように思っていらっしゃるのですね」などと相手の気持ちや言葉を尊重し、否定せずにそのまま受け止め、「それでどうなったのですか」と質問を入れながら、相手から話を引き出すことを心がけました。

その結果、「Aさんにはイライラすることもあるが、親切で優しい面もあり、決して嫌いなわけではない」という話も聞けました。

これを、どのような枠組みの話と捉えるかというと、例えばざっくり「Aさんへの不満」という枠組みの話だと捉えます。ただし、不満の話だけで構成されているわけではないので、「ざっくり」という表現をしました。話の中で「イライラ」という自身の感情に関する話や、「親切で優しい」という相手に対する肯定的な話も含まれていました。図に表すと次のようなイメージです。

ここまでの話では、この相談者が単に不満を吐き出したいだけなのか、どうした

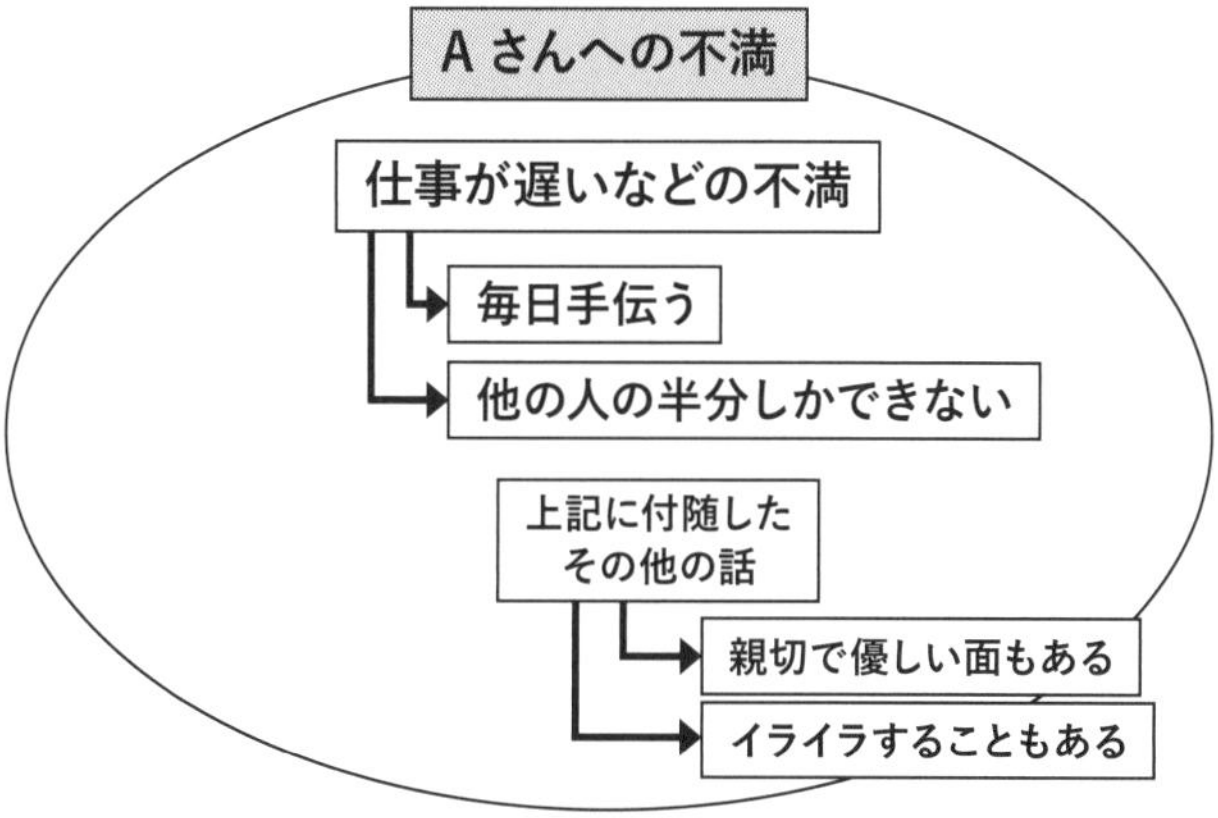

いのかという解決像が見えません。相談者が主体的に解決にたどり着けるように問いかけて、「Aさんへの不満」という枠組みの話から、別の枠組みと捉えることができる話を引き出す必要があります。

「ところで」のように無理やり引き出すのではなく、図の中にある「上記に付随したその他の話」として挙げた話題を活用します。相手の言葉を尊重してそのまま使わせてもらい、あくまで話の流れの中で枠組みを移行させることを試みます。

そのため、ここでは「親切で優しい」という相手の言葉を活用しています。

対応者：今のお話の中で、Aさんが親切で優しいとおっしゃいましたが、Aさんのど

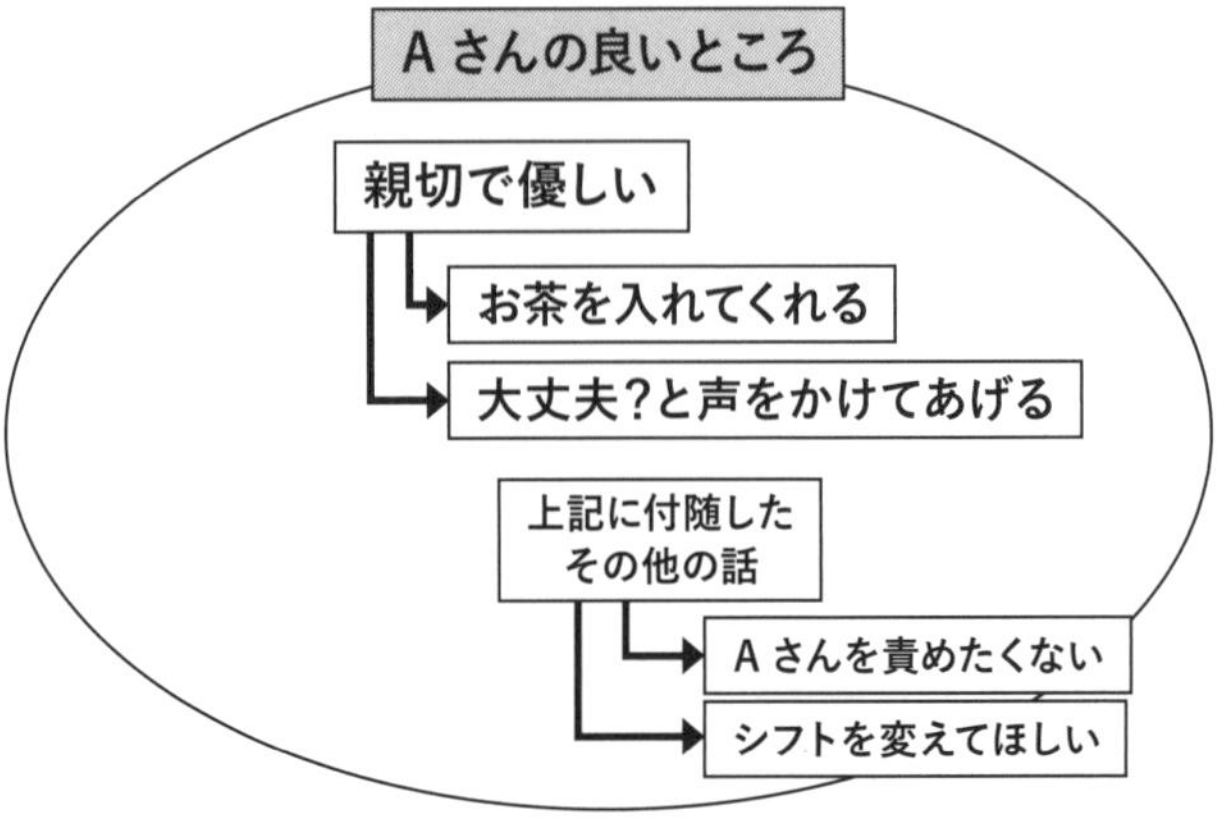

のような様子からそう思われたのですか。
相談者：休憩室でお昼ご飯を一緒に食べることがあるのですが、お茶を入れてくれたり、顔色が優れない人に「大丈夫？」と声をかけてあげたりする姿を見たことがあります。

このように話が展開し、他にもAさんに関する肯定的な話をいくつか聞けました。話をつないで、先ほどざっくり「Aさんへの不満」という枠組みと捉えた話から、今はざっくり「Aさんの良いところ」という枠組みの中で話が展開されている状態です。

なお、実際の場面では、これらの話に付随して、相談者の本音としてはAさんを責めたくない気持ちがあること、周りがＡさんに対する不満を言うのでそれについつい合わせてしまっていることを話していました。そして、そんな自分にもイライラしていること、できることなら上司が気配りして、悪口を言わない人と一緒になるように、Ａさんのシフトを変えてほしいことなどを語ってくれました。

それを含めて図に表すと右ページのようなイメージです。

ここで、相談者がどうしたいのかという解決像が、何となく透けて見えてきました。そこで、「じゃあこうしたらいい」とアドバイスしたくなりますが、今後どうしたらいいかについて、相談者が主体的に気づくように導きます。こうしたいという具体的な行動について引き出せると、目標が明確になって、この回の相談は終了できそうという見通しが持てます。

対応者：今のお話を踏まえて、今後どのようにしようと考えますか。
相談者：シフトについてどう思うか、Ａさんに聞いてみようと思います。場合によっては、シフトを変えてもらうように上司に相談することを勧めようと思います。
対応者：相談することを勧めた場合、Ａさんはすぐに相談しそうですか。

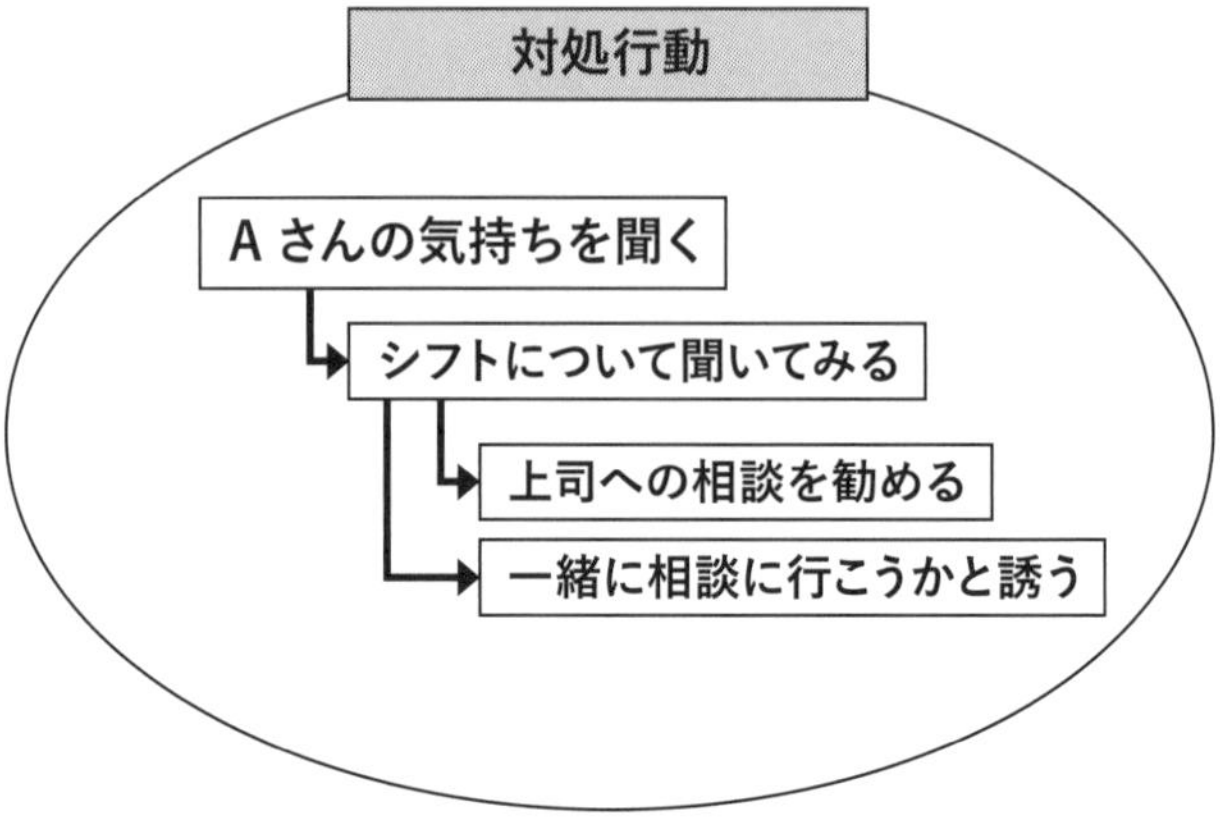

相談者：何日か待ってみて、言い出せないようであれば、一緒に行こうかと誘ってみようと思います。

ざっくり「Aさんの良いところ」という枠組みの中で話が展開されていましたが、それに付随してAさんを責めたくない、シフトを変えてほしい、といった気持ちを話してくれました。そのため、相談者の具体的な行動目標を引き出せると考え、「今後どのようにしようと考えますか」と問いかけました。結果、「対処行動」という枠組みの話に移行しています。それを図に表すとこんなイメージです。

そして、今度Aさんに聞いてみるという

ことで、初回相談が終了しました。相談者が次回の相談を希望したため、もし実行できたのであればその話を教えてほしいこと、実行できなくても、それはそれでまた一緒に考えたいので話を聴かせてほしいと伝えました。

このように、話をつないでいくことで、その人がどうしたいのかという、その人の中にある答えに近づいていくことも可能になります。そのため、多くは不要な聞き手の価値観を挿まずとも、頑張ってアドバイスを考えずとも、話して良かったと思ってもらえる対応は可能です。そして、相談者から「話せる人」という信頼感を勝ち取ることができると、もっと聴いてもらいたいと話してくれますので、さらに答えに近づくヒントになる話を引き出しやすくなります。

3 レディネスを意識

これまでいろいろな研修会に出向きましたが、話の中でレディネス（コラム⑥参照）という考え方を耳にすることがありました。

レディネスは、もともと心理学や教育学の言葉ですが、今ではいろいろな分野で使われているようです。例えば、会社の新人教育という場面で、会社が期待する社員になかなかなれないのであれば、その教育内容を習得できるだけのレディネスをその社員が持ち合わせていないということになる、という話を聞いたことがあります。

ここでレディネスについて持ち出したのは、先に話題にした「丁寧に話をつなげる」についても同じことが言えるのではないかと思っているためです。

今の枠組みの話を、十分聴いてもらえたという感覚が相談者にあれば、次の枠組みの話につなぐことができます。しかし、違う話に移行できるレディネスが整っていない状態であれば、今の話にまだとどまるのかもしれません。また、違う話に移行できたとしても、また元の話に戻ってくるといったことが起こります。話しながら、もう次の枠組みの話に移行できるレディネスがある、とわかることは困難です。しかし、このような対応者なりの理屈を持っていれば、「この話はもう少し聴いた方がいいのかな」「この話題にこだわる背景が何かあるのかな」などと、冷静に聴けると思います。

このような聴き方ができるということは、相談者との会話の状況を俯瞰できることにもつながり、今はこういう状況なのだなと気持ちに余裕を持って対応できることにもつながります。

そして、それに付随した話になりますが、レディネスという言葉と一緒に発達の最近接領域（コラム⑦参照）という言葉も、対応者なりの理屈として、自分の中では役立っています。

先ほど話題にした「私が過去に受けたある初回相談の様子」の事例の中で、「相談者がどうしたいのかという解決像が、何となく透けて見えてきました」と記述した部分があります。このように、解決を意識する場面まで話が進んでいく過程を、丁寧につなぐ必要があります。相談者の言葉の中から次の展開につながるキーフレーズを捉え、それを用いながら次の枠組みの話に移行する試みをするのです。そのため、先の事例では、図の中にある「上記に付随したその他の話」をキーフレーズとして活用しています。相談者の言葉を尊重してそのまま使わせていただき、あくまで話の流れの中で自然に枠組みを移行させることを心がけています。

このように、相談者の力だけではなかなかゴールに向かえない状態から、対応者が手を貸すことで解決像に一歩近づけるという状況があり、そこには階段の段差のような差があります。私はそれが発達の最近接領域に似ていると思います。対応者がその差を認識し、キーフレーズを用いながら次の枠組みの話に移行することで、その差を乗り越え、解決像に近づいていくものと思っています。

対応者が、相談者の言葉からキーフレーズを一生懸命に探したり引き出したりして、それを用いて手を貸すことを繰り返しながら、「今日この場でこんな話ができて良かった」という結果まで導いていくのが、相談対応における対応者の役割です。また、こういった姿勢があることで、必然的に相手の話をよく聴くことにもつながります。

4 次の展開につなげる努力は怠らない

相談機関に勤めていると、常連のようにほぼ毎日電話をくれる相談者がいます。特に何か困っているわけではなく、話を聴いてほしいだけであったり、日常の出来事を報告したかったり、といった具合です。時に、身の回りにそのような話を聴いてくれる人ができて、相談機関に電話をする必要がなくなる場合もあります。しかし、なかなかそのような状況にはならないので、付き合いが長い人になると年単位になることもしばしばです。

そのようなニーズがある人に対して、ふらっと出かけて何気ない時間を過ごすような居場所を提供している機関もあります。しかし、諸事情で足が向かない人にとっては、電話相談の場が居場所の機能を担っています。その場合は、ただ等身大の自分でいていい場所としての機能が優先され、これまで話題にしてきたような、必ずしもその人の中にある答えに向かうような話になるとは限りませんし、それでいいのだと思います。ただ、だからといってただ聞けばいいというものではなく、「丁寧に話をつなぎながら聴く」という基本姿勢に変わりはありません。

もし可能であれば、その話の中で、その方の支えとなり得る資源がないだろうかと、周囲の情報は得ておきたいところです。私の経験では、相談者の話をつないでいく中で、きょうだいの話になったり、彼氏や彼女ができたという話になったりして、そういった身近な人たちと、もっと話したいという気持ちがあることに気づいてもらう話の流れになることがありました。

その後、その人たちともっと話をするために、どのように行動できそうかについて一緒に考え、具体的にイメージできることもありました。結果的に、その人たちとの関係が良好になり、こちらへの電話の回数が顕著に減ったという事例もありました。

そのため、居場所としての機能は果たしつつも、本来相談者がこうありたいと思う日常の姿が、相談者のどこかに眠っているかもしれない、という視点を持ちつつ関わることも必要です。


この章は以上になりますが、対応者として、ここで取り上げた姿勢や認識があると、行き詰まることなく相談者の話を聴けるのではないでしょうか。

しかし、望まれる姿勢や認識を身につけたとしても、対応者自身の気持ちに余裕がある状態でなければ、それを十分に生かすことはできません。

そのため、次章ではその余裕をどう形成し、保っていくかについて触れてみます。

コラム⑥

レディネス

アメリカの心理学者・教育学者であるエドワード・L・ソーンダイクにより提唱されました。私たちは、いろいろなことを習得して成長していきますが、学習すればなんでも習得できるというものではなく、発達段階など、その人が習得できる準備が整って、初めてその学習が有効になるという概念です。

コラム⑦

発達の最近接領域

ロシアの心理学者であるレフ・セミョーノヴィチ・ヴィゴツキーにより提唱されました。思考などの高次な認知機能の発達においては、レディネスが整うのをただ待つのではなく、レディネスを促進するような教育が必要であると強調しました。

子どもが自分で問題解決できる現在の発達水準と、誰かが手を貸すことで達成できる将来の発達水準の差を発達の最近接領域と定義し、教育者がこれを認識して適切な働きかけを行うことが重要だとしました。

第5章

対応者に
求められる
余裕の保ち方

図1

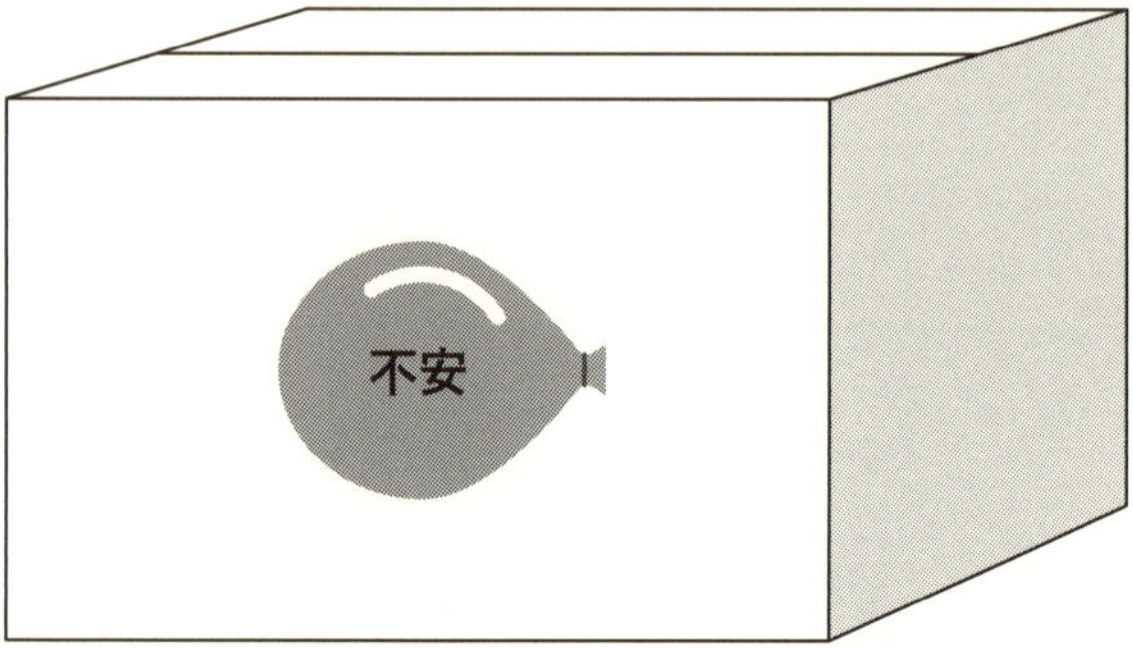

ストレス解消法は？　と聞かれて、読者の皆さんはどう答えるでしょうか。運動するとか、温泉に行くとか、好きなものを食べるとか、このような「何か自分の好きなことをする」という方法が、一般的に思いつくことではないでしょうか。

その他にもこれから述べるような、自身の物事の捉え方を変化させる方法や、身体に直接働きかける方法などがあります。私は自分なりのストレスマネジメントとして取り入れ、気持ちに余裕がある状態で相談対応に臨めるようにしています。

図2

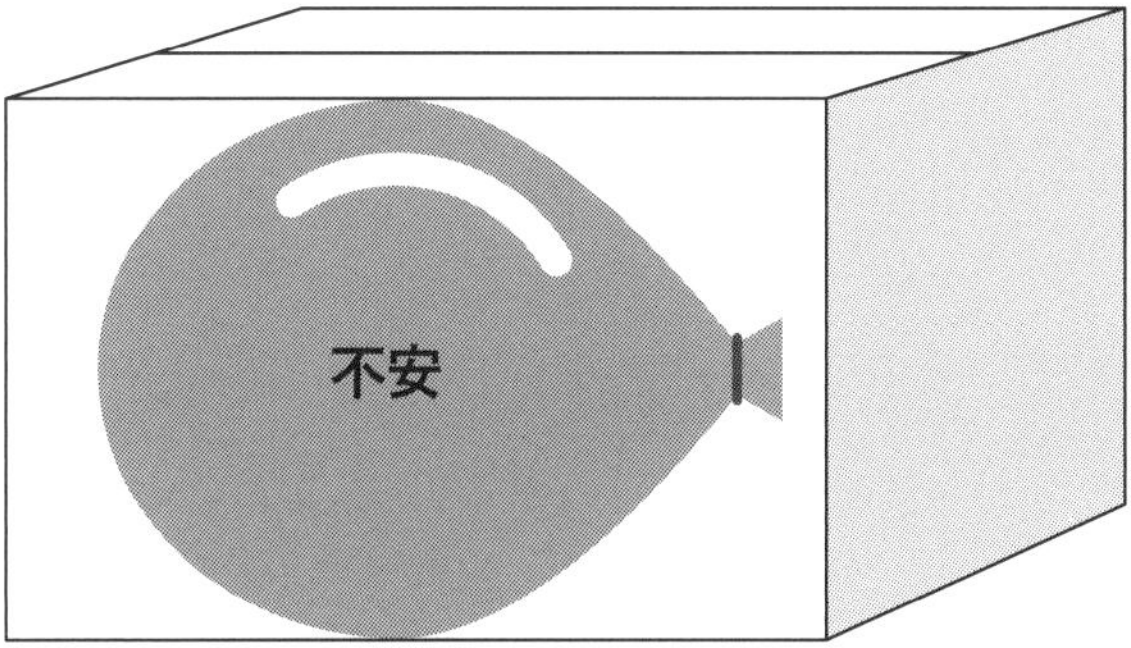

❶ 見方を変えて気分を変える

　ここで、空っぽの段ボール箱を想像してみてください。その箱の中の空間が自分の心の中の空間と思ってください。そして、想像した段ボール箱の中に少し膨らませた風船を一つ入れてみましょう。その風船が今自分に生じた不安（図１）だとします。

　生活の中で何度もその不安に気を取られてしまいますが、そのことばかり考えていると、自分の心の中に占める不安の割合が大きくなってしまいます。つまり、段ボール箱の中で風船がどんどん膨らんでいく状態（図２）です。膨らみすぎると段ボール

図3

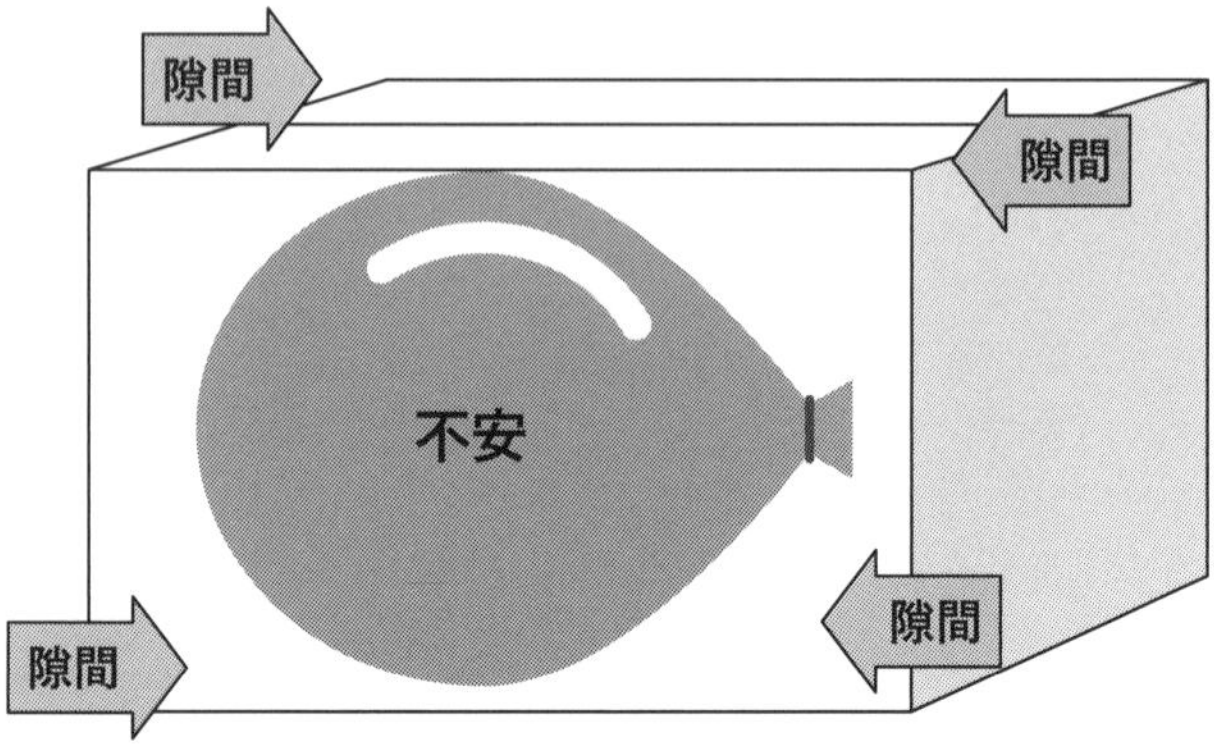

箱の中の空間が狭くなりきつくなります。つまり不安が大きくなりすぎて、心がきつくなるということです。

でも、段ボール箱と風船の間には必ず隙間ができます（図3）。この隙間は心の中の不安以外の部分で、不安がありながらもいつも通りできていること、不安なことを忘れている時間などが含まれています。私たちはこちらに注目する必要があります。

例えば、「不安になっていることは気になってストレスを感じるけれど、規則正しい生活はできている」「今日は仲間と会話ができて、その時間は不安なことを忘れて楽しい時間を過ごせた」などと、生活場面

図4

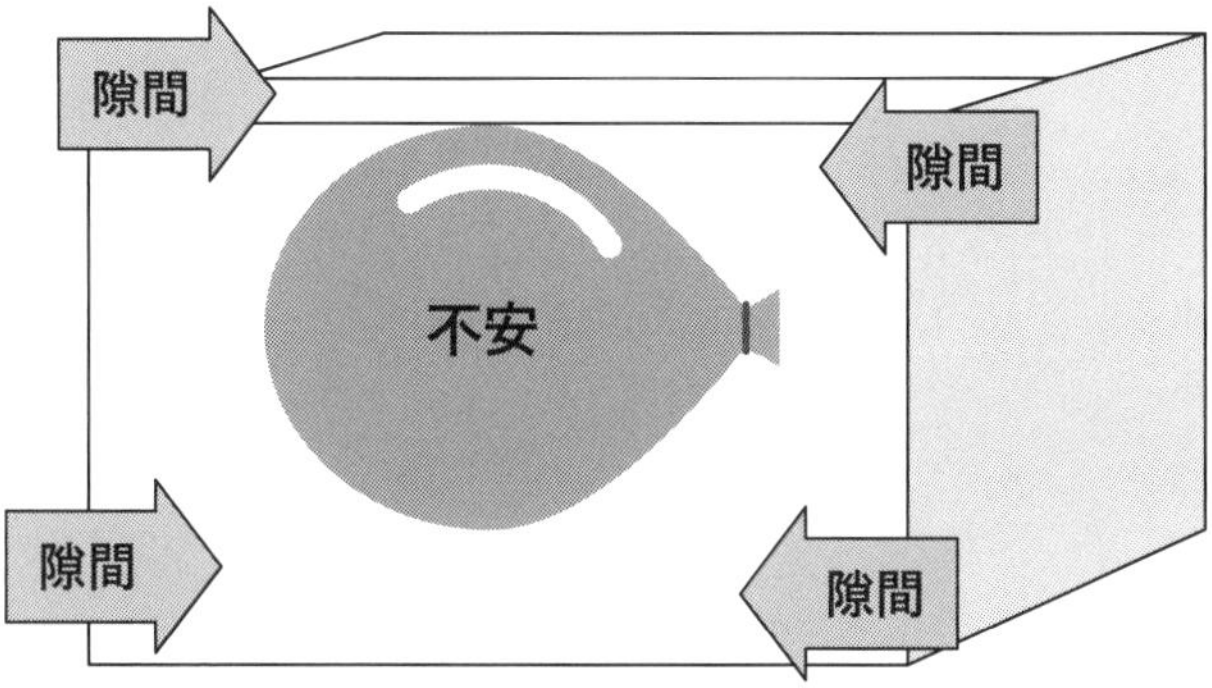

で肯定的に捉えられる場面はあるはずです。また、「不安の軽減に役立ちそうなことに気づいたのでそれを実践してみる」といった具合に、解決のヒントが見つかることもあります。このように、不安以外の部分に注目することで、今度は隙間の空間が広がり、風船は縮みます（図４）。

風船は縮むだけでなくなることはないのですが、段ボール箱の中に占める割合が小さくなります。つまり、心の中に占める不安の割合が小さくなるということです。このように、不安という風船を大きくしない心の持ち方を身につけられると、何事にも気持ちに余裕がある状態で対応できます。

不安に限らず、自分にとって問題と思う

ことや、ストレスを感じることは、そのものをなくすことはなかなかできません。しかし、物の見方や考え方は変えられるということに気づけると、心の中に余裕をつくり出し、それを保っていくことを習慣化できる可能性があります。

2 物事を肯定的に捉える

励ます意味で「失敗してもいいから頑張ろう、やってみよう」と促す場面に出くわすことがありますが、「失敗」とはどんなことなのでしょうか。

例えば、人前で話すことにおいて、1回でも噛んでしまったら失敗と捉える人もいるでしょうし、多少噛んでも相手に伝われば失敗ではないと捉える人もいるでしょう。

失敗というのは失敗と捉えるから「失敗」なのであって、別の見方をすれば失敗と捉えなくてもよいことも多々あります。

一つ例を挙げてみます。ある時、私が歌番組を見ていて、とてもいい歌で癒されたという気持ちになりました。しかし、歌い終わって司会者とのトークが始まった第一声で「歌詞を間違えた」と残念そうにおっしゃっていました。歌い手からしてみれば失敗だったのかもしれませんが、そんなことに気づかず聞き惚れた私にとっては百点満点のパフォーマンスでした。

物事を肯定的に捉えることについて、他の例も挙げてみます。よく「ムダ」と口癖のように言う方がいましたが、それをムダなものにするかしないかは自分次第です。

「その勉強はムダ、その数学は生きていく上で必要なの？」という言葉を耳にすることがありますが、数学がやり玉にあがりやすいのは私の気のせいでしょうか。数学に限らず、「勉強で得た知識は生活のどこで使うの？　役に立つの？」という捉え方では、勉強することはムダなことなのかもしれません。

しかし、勉強することが仕事である義務教育の年代と、脳が成長する年代は重なっています。数学も含めて、様々な勉強をすることで脳のいろいろな部位が活動します。それが活性化して成長し、多数の神経細胞のネットワークができれば、後の発想力や創造力にもつながる可能性があります。つまり、脳のあちこちを使って脳を活性化させるために勉強をしていると考えるのであれば、どの勉強もムダなことにはなりません。

先ほどの段ボール箱の隙間に焦点を当てる話もそうなのですが、普段の生活の中で、気持ちに余裕がある時に、このような捉え方をする練習をしていただけると、困った時行き詰まった時でも、心の中に余裕をつくり出し、解決に向けた気づきを得やすい状態を習慣化できる可能性があります。

3 身体に直接働きかける

ストレスを感じている時、身体の中では何が起きているのでしょうか。これまであちこちの学習の場で得た知識をまとめると、「脳内の扁桃体が興奮し、自律神経の一つである交感神経の働きが高まっている」ことが起きていることの一つだと理解しています。そして、その働きを抑制し、リラックスする方法として、いくつかの方法を習いましたが、その中で最も手軽にできるのが呼吸法です。

4~5秒かけて大きく吸って、一瞬止めてから吸う時の倍近くの秒数をかけて吐ききり一瞬止める。これを5分繰り返しますが、最初は長く感じるので2分くらいから始めてみるとよいと習いました。

過去に参加した研修会で、呼吸法については何度か取り上げられていたのですが、やり方や秒数は講師によって様々でしたので、私が一番しっくりくると感じたものを例として挙げました。

ちなみに私は、夜なかなか寝付けない時に、横になった状態でこれをすると、いつの間にか眠ってしまっていることがあります。そのため、リラックスしている時に優位になるという副交感神経の働きを高めるのに役立っているものと感じています。

また、呼吸は吸う方を長くすると交感神経が、吐く方を長くすると副交感神経の働きが高まるとか、胸式呼吸だと交感神経、腹式呼吸だと副交感神経の働きが高まるなどと聞きました。私の友人は、何かに集中して頑張りたい時と、気持ちのゆとりをつくる時で使い分けているそうです。

感じ方には個人差があるようですが、やってみて自身にフィットするようであれば、セルフケアの一つとして取り入れてみてはいかがでしょうか。

4 成功体験のQ&Aを作る

「相談者から、このような相談を受けたらどう対応するか?」について、「このように対応したらこうなった」という成功体験を書き溜めてみましょう。人と人とのやり取りなので、前の成功体験がそのまま生きるかといえばそうではないのですが、新しくその部署に入ってきた人がそれを見て、どんなことを求められる部署なのか、イメージしやすくなります。何もわからないことが一番不安なので、そのような具体的な備えがあると精神的にとても楽です。

また、その成功体験をその都度書き溜めて、部署の中で誰でも閲覧できるようにしておくことも一つの工夫です。それを読んだ人が、その人なりに上手な対応の仕方をイメージして、実践に生かすことができるでしょう。

こういう対応をしたら怒られた、という体験を知ることも大事ですが、そのネガティブなイメージばかり膨らんでしまうと、前向きに取り組めませんし、予期不安を増大させる要因になり、余裕がなくなってしまいます。

5 自己研鑽で対応力を上げる

私はこれまで歩んできた数々の職場で、よく電話や窓口に出てくれる人とそうでない人を見てきました。そうでない人は明らかに苦手意識があり、できる人がいるのであればその人に頼り、いなければ仕方なく対応しているように見えました。しかし、そこは仕事なので、苦手だから極力避けるのでは進歩が見込めません。

仕事に限らず、生活場面においても、今後遭遇するいろいろな困難な場面におけるコミュニケーションスキルを培えないことにもつながります。

そのため、この本を読んで、できるところから一つずつ実践し、自分のものにしていただきたいです。それにより、電話を取ったり、相談を受けたりすることへの苦手意識が軽減していくはずです。ただただ場数を踏んで慣れようとするのではなく、この本で使えそうな内容を、実践で使うことを繰り返すうちに、いつの間にか自分のものとして取り入れていたという結果になることを期待します。それが自信を持って対応できることにつながり、その分気持ちに余裕を持てていた、ということを感じていただきたいです。

以上、自身の気持ちに余裕がある状態をどう形成し、保っていくかについて触れてみました。自身でできるセルフケア的な内容が主でしたが、我々人間は社会的動物といわれる通り、絶えず他者との関係において存在していることも忘れてはいけません。セルフケアで間に合うこともあるかもしれませんが、一人で悶々（もんもん）と抱えるのではなく、困ったことなどを共有できる仲間やコミュニティーを持つことも大事です。

次の章では連携・協働・包括的支援について取り上げます。自身にとって頼りになる他機関などと良好な関係を築くこともまた、気持ちに余裕を持たせる方法の一つです。

第6章

単独で解決することは難しい

～連携・協働・包括的支援のために取り組んでほしいこと～

相談者を取り巻く環境の中に不安要素があり、それが変わらず存在するのであれば、相談の場で気持ちが晴れても、その環境に戻ると再び不安に襲われる可能性が高くなります。その環境にアプローチできる他の機関や専門家がいれば、現況をより良い方向に導ける可能性があります。

そのため、複数の対応者がそれぞれ自分の専門を活かして、相談者をより良い方向に導くという取り組みも必要です。

1 餅は餅屋

これは、餅は餅屋がついたものが一番おいしい、つまりその道の専門家が一番という意味です。相談や依頼された内容によっては、自分のところでは対応できず、別の機関、法人、部署などを紹介することがあります。

その内容であればあそこがいい、と思い当たる場合、その紹介先について自分が十分に知っていなければなりません。紹介先が実際にどのようなことができるのか把握もしないで無責任に紹介することは避けましょう。そのため、紹介する可能性のある機関などについては、事前にどんな所なのか、どんなことができるのか調べておく必要があります。インターネットや電話など、調べる手段はいろいろありますが、可能であれば実際に出向いて直接話を聞き、どういった内容であれば紹介してよさそうなのか把握します。

事前に把握できていないが紹介したいという場合は、「今こういった内容の電話を受けたが、そちらを紹介していいものだろうか」と紹介先に確認することが、お互いに気持ちよく仕事ができることにつながります。「そんなの当たり前でしょう」という声も聞こえてきそうですが、こういったことができていなくてトラブルになった、気まずくなった、という話を聞くことがあります。

2 連携・協働・包括的支援

これらは似て非なる言葉ではありますが、私が主に働いてきた児童福祉分野や精神保健分野ではよく使われていて、ほぼほぼ同義で用いられている印象がありました。要するに、何か解決しなければならないことがある時に、誰かが一人で抱え込むのではなく、周りにいる人たちがそれを共有して、それぞれの持ち味を発揮して一緒に解決を目指す、ということです。

私が児童相談所に勤務していた頃、児童虐待が疑われる事例について、関係機関が集まる会議がよくありました。そこでは、決まって連携して取り組むという結論に至るのですが、実際には連携になっていないということが幾度もありました。

ある事例について、最初に把握した関係機関が、連携のもと速やかに児童相談所につないだのですが、その後この関係機関からは何のアクションもなく、あとは児童相談所の求めに応じて動きますといった受け身の姿勢でした。

よく連携という言葉を耳にしますが、先ほど話題にした「餅は餅屋」で、それぞれが自分のできることを発揮できれば、世の中うまく回るのではないでしょうか。遭遇した事態に対して、自分の領域だけでカバーできるということはなかなかありません。

そうした時に連携して事態を打開しようとか、うちと貴機関が協働しましょう、といった動きになるわけですが、この場合、その連携や協働する者同士がお互いに何を得意とするのかよく知っている必要があります。そして、うちではここまでできるから、あなたはこの部分を担ってほしいといった具合に、お互いに力を出し合って事態を打開していくことが、連携や協働ではないかと考えます。

また、包括的支援という言葉もよく耳にします。包括的とは「すべてをひっくるめているさま」という意味ですが、包括的支援となると、「あらゆる方面から手助けを行う」という意味になるようです。仕事柄、要保護児童対策地域協議会（コラム⑧参照）に関わることがあったのですが、これがまさに包括的支援で、一つの事例にいくつもの関係機関が、それぞれができる支援を提供して支えていました。

行き詰まったら、「この事例は誰が、どの機関が、どのように支えているのか、支えていないのか」を図にして可視化するのも一つです。今現在、まだ支え手になっていない機関を発見し、新たな支え手としてアプローチを試みたり、既に支え手になっている機関を支援することで、状況に変化が生じる可能性があったりします。

コラム⑧

要保護児童対策地域協議会

虐待を受けた、または受けたと思われる児童や、養育力が不足している家庭の児童などに関する問題について、関係機関がその児童に関する情報や考え方を共有し、連携により対応し、そのような児童の早期発見および適切な支援を図ることを目的に設置された機関のことです。

なお、各関係機関の代表者で構成される代表者会議、各関係機関の実務者で構成される実務者会議、関係者間で情報交換と支援の協議を行う個別ケース検討会議の三層構造で構成されています。図に表すと次のページのようなイメージです。

一口に虐待の問題と言っても、背景にドメスティック・バイオレンスなど夫婦関係の問題があったり、生活困窮など経済的な問題があったり、児童がヤングケアラーであったり、その家庭が直面している困難や生きづらさの要因が重複していることが多いです。

それに対して、「この問題であればこの窓口」といった対応をして、「重複した他の問題については別の窓口を紹介する」ということで連携しないので

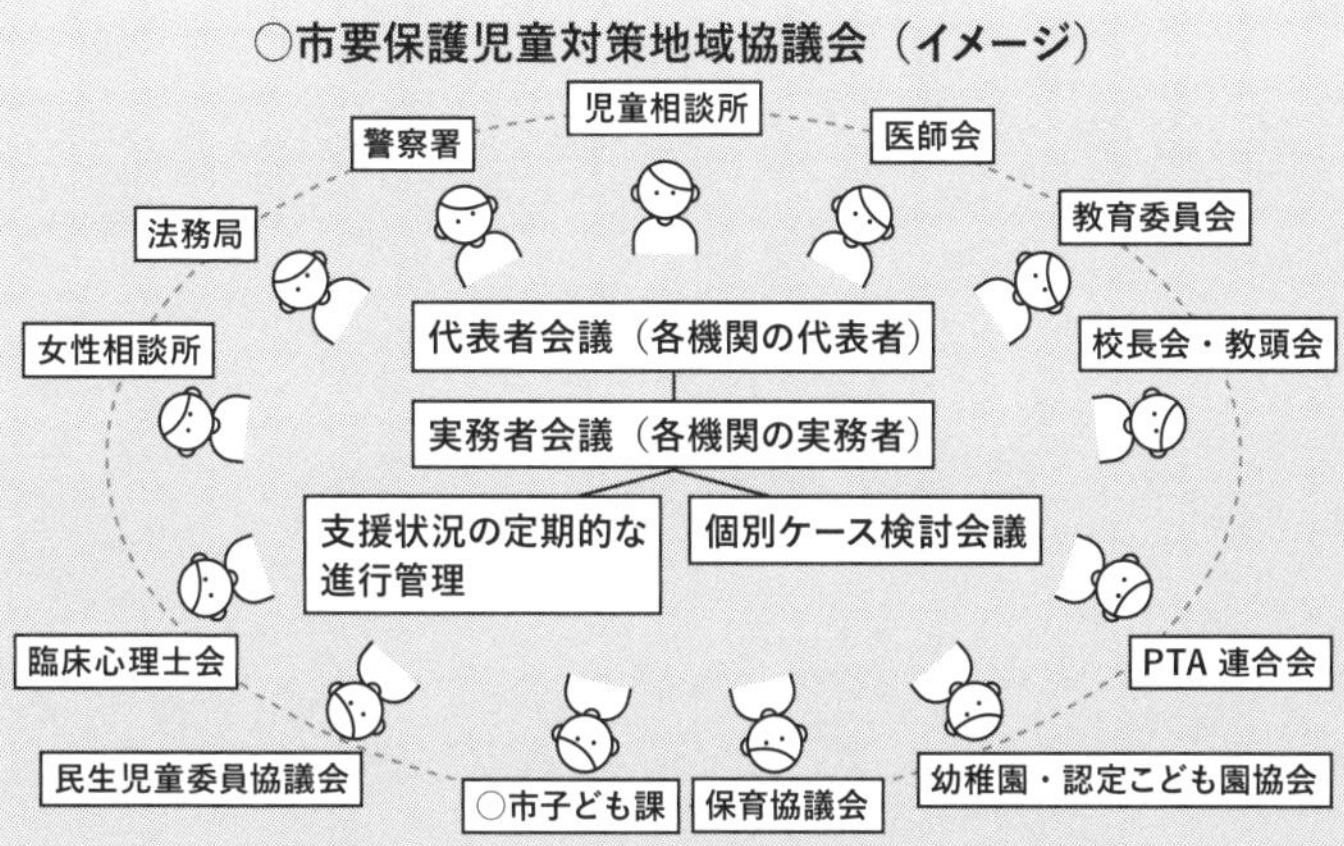

あれば、縦割り対応と批判されます。

しかし、この図の仕組みは、地域全体がチームとなり、課題ごとの対応に加えて、そこにある課題全体を捉えて関わっていく重層的支援体制となっています。

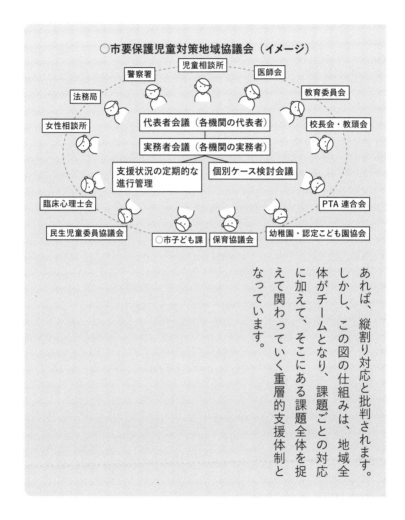

第7章

上手な話の終え方

相談対応において、「どのように話を終えるか悩んだ」ということはないでしょうか。下手をすると、対応を終えるまで何時間もかかってしまった、ということが起きてしまいます。相談者の話に長時間付き合った経験がある方もいるのではないでしょうか。

相談対応で長時間となると、大抵同じような話が2度3度と巡っていることが多いと聞きます。「そうしているうちに相談者の頭の中が整理されるので、このような過程を経ることも必要」という見立てがあり、それを良しとするのであれば別ですが、長時間にならない方がいいのであれば、そうならない工夫をする必要があります。

1 最初に時間枠を設定する

相談機関など、予め時間枠が設定されている場であれば問題ないのですが、そうではない場であれば、最初に「この後他の方ともお話しするので、この時計で何時何分までお話ししましょう」など、話す前に具体的な時間枠を設定してしまうことが一つのやり方です。時間が来たら「申し訳ないけど」と伝えて話を終えます。話し足りなければ、後日にその機会をつくって続きを聴いてあげられるといいですが、その際もきちんと時間枠を設定します。

これは、終わりが見えないという不安から対応者を守ることになりますし、相談者にとっても、「時間を気にして話をする」「決められた時間内に伝えたいことをまとめる」など、人とコミュニケーションを取る上で大事なことを意識する機会にもなります。

2 話をつなぎながら、現実的な話へ

第４章の「2．話をつなぐ技術でとにかく聴く」で触れた通り、まずは相談者に十分話してもらいます。相談者が十分話して満足できるように心がけますが、そろそろ話を終えなければならないというタイミングで、話を「今日これからどのように過ごすか」という現実的な話に移行するということを意識します。

例えば、相談者の悩み事を十分に聴く中で、聴いてもらえて良かったという言葉

を引き出せたのであれば、「その良かったという気持ちで、今日この後をどのように過ごせそうか」と聞いてみます。このような話の展開にできるキーフレーズを相談者の言葉の中から見つけておくのですが（第4章参照）、相談者の言葉を拝借して使わせてもらうので、必然的に相談者の話をよく聴くことにもつながります。相談者もよく聴いてもらえているという気持ちにもなるでしょうし、相談者の言葉からの展開であれば、話の枠組みを不自然に移行した印象にはなりません。

「先ほど、このような話がありましたが、今日はどのようにされますか」など、具体的な行動の話に置き換えていくと、今日はこれをする予定だったのでそろそろ終わりますとか、相談者から話を切り上げようとする姿勢を引き出せることもあります。

第8章

千里の道も一歩から

～連続性においての丁寧な一歩一歩～

この本に書かれたことを端的に表すと、「千里の道も一歩から」となるでしょうか。これは、「一歩一歩の努力を積み重ねることで目標を達成する」という言葉です。

この本に書かれたことを一つずつ自分のものにして、相談を受けるごとに自信を重ねていく一歩一歩があるのであれば、相談対応を身につけるという過程をまさに言い表している言葉になります。また、相談者との最初のコンタクトから解決へ向けて、決して一足飛びにはならずに話をつないでいく一歩一歩があるのであれば、一つ一つの相談対応について言い表している言葉にもなります。

つまり、技術を身につける過程も、相談の進捗も、その一歩一歩の連続性において、現在地から次の一歩を踏み出すまでには、丁寧な準備や確認が必要で、それが整って次の段階に進めるということです。

次に紹介する内容も、やはり何事も丁寧な一歩ずつの積み重ねなのだということを表したものです。こちらも参考にしていただき、是非読者の皆さんもその一歩を踏み出してみてください。

1 目の前のことを一つずつ

何事もそうですが、今向き合おうとしている物事について、知識や経験を得ることで、余裕を持った状態で臨むことができます。そのため、まずはこの本を何度も読んでいただき、少しずつでいいので書いてあることを実践に取り入れてみてください。それが、「そういうことか」と理解できて、実感できて、また取り入れてみて、ということを繰り返すことで、自分のものになっていきます。

また、書いてあることについて、「いやいやそう言えるかもしれないが、こう考えることもできるでしょう」などと批判的に見て、突っ込みを入れられるくらいになるとしめたものです。それほどいろいろよく知っていて、状況を俯瞰できており、気持ちに余裕がある状態で向き合えている、ということになります。

そのくらいの余裕があれば、会話の中で、自分が言いたいことを言うのではなく、相手に問いかけることで話を引き出し、丁寧に解決までつないでいくといった具合に、会話をコントロールできている感覚が持てるでしょう。

ここで、批判や突っ込みついでの話をさせてください。私はこの本を善かれと思って世に送り出しましたが、これを見て参考にされる方もいるはずですし、批判される方もいるはずです。当然のことです。独裁国家で独裁者が書いたものであれば、表向きにはとてつもなく高い支持が得られるのでしょうが、この本が出版された日本はそうではないので、いろいろな意見が出て当然です。

このように自分なりに割り切ることができるといいのですが、多くの人はどうしても批判的なことにとらわれがちです。ここで、既述の段ボール箱の話を思い出してみましょう。批判されたことについてとらわれるのであれば、段ボール箱の中にそのような風船が膨らんだ状態と捉えてみましょう。そのことばかりにとらわれてしまうと、段ボール箱の中で、風船がどんどん膨らんでしまうことは、読者の皆さんはもうおわかりでしょう。こうなると、気持ちに余裕がなくなり、本来できることができなくなります。

優れた技術を持った技術者でも、プロスポーツ選手でも、気持ちに余裕がない状態では本来のパフォーマンスを発揮できません。私たちの日頃の生活も同様です。

心配事があったり、経済的時間的余裕がなかったり、心の中に不安と感じることが膨らんでいると、当たり前の日常が送れなくなります。日々、自分に余裕を持たせるために、些細なことでも目の前のできることを一つずつ片づける、一歩ずつ歩みを進めていこうという意識を持っていただくことも必要です。

2 その時々のベストを尽くすが、理想とするベストを今は求めない

その人その人で対応力に差があって当然で、各々の能力の限界もあります。もっとスムーズに対応すべきとか、先輩のようにできたらいいとか、理想的な対応の仕方はあるかと思います。しかし、それはいつか達成したい遠くにある目標と捉えて、今はそうあるべきという義務的な考え方はせず、今の実力ではこんなもんだと捉えられるとよいでしょう。今の実力でできるベストを尽くせばいいのです。

ここで、「マンダラチャート」（81マスの目標達成シート）の話題を取り上げます。これもまさに「千里の道も一歩から」を体現したもので、この本の中で紹介したことにとても似ています。

これについては、メジャーリーグの大谷翔平選手が、高校時代に実践していたと紹介されたことで話題になりました。直筆のシートが度々テレビで取り上げられていたので、ご存じの方もいるかと思います。

図1

			B	C	D			
			E	A	F			
			G	H	I			

そこで紹介されていたシートの活用の仕方を、この本の内容になぞらえて考えてみました。いつか達成したい遠くにある目標に向けて、活用してみてはいかがでしょうか。

・81マスの真ん中に、いつか達成したい遠くにある目標A（例：先輩の相談対応）を記入し、Aを囲む形でそこに近づくための8つの身近な目標B～Iを記入する（図1）。

※身近な目標B～Iの例：研修会に参加する、この本を何度も読むなど

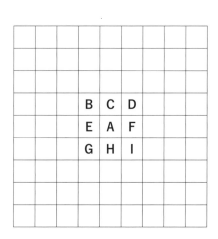

図2

	B			C			D	
		↖		↑		↗		
			B	C	D			
	E	←	E	A	F	→	F	
			G	H	I			
		↙		↓		↘		
	G			H			I	

・そして、B～Iのマスからそれぞれ1マス空けて上・下・横・ナナメに、8つの身近な目標B～Iを一つずつ書き入れる（図2）。

・身近な目標Bの周囲にあるア～クに、その目標を達成するために必要な行動を書き入れる。身近な目標C～Iについても、同様の手順で行う（図3）。

※ア～クの例：Bが「研修会に参加する」だとすれば、参加したい研修会をピックアップする、参加費を貯めるなど

・身近な目標を達成するために必要な行動

図3

ア	イ	ウ						
エ	B	オ		C			D	
カ	キ	ク						
			B	C	D			
	E		E	A	F		F	
			G	H	I			
	G			H			I	

「マンダラチャート」は一般社団法人マンダラチャート協会の登録商標です
https://mandalachart.jp

について、普段の生活の中で実践し、8つの身近な目標B～Iをクリアしていくと、おのずといつか達成したい遠くにある目標Aに近づける、もしくは達成できる。

遠くにある目標にたどり着く過程の中で、その前に達成しておきたい、今の自分にもう少し近いところにある目標があり、それに近づくために今できることがあります。目の前にあることを積み重ねていくことが必要で、一足飛びに理想とするベストにたどり着く方法はないと考えます。「千里の道も一歩から」が一番の近道です。

あとがき

私は子どもの頃、特許にあこがれを抱いていました。オセロゲームを作った人や、洗濯機の糸くず回収ネットを作った人が、多額の特許料を得たという話を何かの本で目にして、自分も何か発明して大金持ちになりたい！　とずっと考えていました。

しかし、自分が何も思いつかないうちに、世の中では次々と便利グッズが発明されていきました。ただ、それを指をくわえて見ているような状況でいるうちに、発明の多くは不便な状況をどうにかしようというところから着想を得ているのだということに気がつきました。

その後、自分も生活で不便を感じて、こんなものがあったらいいなと考えることはありましたが、残念ながらアイディアを形にする力がありませんでした。

時が経ち、子どもの頃にそんなことを考えていたということは忘れかけていたのですが、仕事が苦しいと感じた時にこの思い出が蘇ってきました。そして、ある着想を得ることができたのです。

この苦しい状況を糧にするにはどうしたらいいか。

長年勤めてきた、地方公務員の心理職としての苦しみ、それをどう乗り越えてきたかという経験を本にできたら……。たくさん売れて大金持ちになるとは到底思えませんが、誰かのお役に立てる便利グッズにはなるのかも、自分がやってきたことを振り返ってまとめるだけでも自己満足できるかも、という考えに至りました。

「必要は発明の母」とはよく言ったもので、その通りと思いつつも、それを実感できる日はなかなかやってきませんでした。しかし、私のような凡人でも、30年弱の時間は要しましたが、長年不便を感じたり、苦しかったりする中で、そんな自分や同じ思いをされている方々を助けるためには何が必要か、必要に迫られると長年の経験からあれこれといろいろ考えて、着想が得られるものだとついに実感できました。

ただ、この話の流れだと、私の発明の母は「必要」というよりは「苦しみ」だったのかもしれません。生活の中で誰もが大なり小なり苦しみを抱えていると思います。苦しみばかりに気持ちがとらわれてしまうと、それに支配される時間が長くなってしまいますが、そうではない時間が必ずあるはずです（第5章参照）。

私の場合、苦しい時間ばかりではなくなった結果、この本を書く着想を得るに至ったのですが、苦しむばかりではここに至らなかったでしょうし、気持ちの余裕を得てこそ、逆境を糧に変えようと思い至ったのだと思います。

ちなみに、万が一、この本がある程度読者の役に立って、やはり出版できて良かったと思えたならば、他にもこんなネタで本が書けそうだなという着想が湧いてきているので、新たに挑戦したい気持ちになっています。

それが現実になりますように！　と願いながら筆を措（お）かせていただきます。

終

本作品には実際の施設名、団体名、企業名等が登場しますが、あくまでも著者自身の体験に基づくものであり、本作品との直接の関係はございません。

〈著者紹介〉
佐藤健太（さとう けんた）
臨床心理士　公認心理師
地方公務員の心理職として、２７年間勤務。県立病院、児童相談所、保健所などに勤務する傍ら、児童自立支援施設の兼務や、県立看護学校の非常勤講師も務めた。
あらゆる年代に関わった経験を礎に、現在は個人事業主として活動中。

相談対応、私はこうしています
――具体的すぎる指南書――

2025年2月20日　第1刷発行

著　者　　佐藤健太
発行人　　久保田貴幸

発行元　　株式会社 幻冬舎メディアコンサルティング
〒151-0051　東京都渋谷区千駄ヶ谷4-9-7
電話　03-5411-6440（編集）

発売元　　株式会社 幻冬舎
〒151-0051　東京都渋谷区千駄ヶ谷4-9-7
電話　03-5411-6222（営業）

印刷・製本　中央精版印刷株式会社
装　丁　　立石 愛

検印廃止

Printed in Japan
ISBN 978-4-344-69209-1 C0095
幻冬舎メディアコンサルティングＨＰ
https://www.gentosha-mc.com/